把字记好

杜一礼 简

浙江工商大学出版社 | 杭州

ZHEJIANG GONGSHANG UNIVERSITY PRESS

图书在版编目(CIP)数据

把字记好 / 杜一礼著. — 杭州：浙江工商大学出
版社，2019.4
ISBN 978-7-5178-3185-3

Ⅰ. ①把… Ⅱ. ①杜… Ⅲ. ①汉字—通俗读物 Ⅳ.
①H12—49

中国版本图书馆 CIP 数据核字(2019)第 063758 号

把字记好
BA ZI JI HAO

杜一礼 著

出 品 人	鲍观明
策划编辑	沈 娴
责任编辑	蓝安妮 沈 娴
责任校对	吴岳婷
封面设计	林朦朦
责任印制	包建辉
出版发行	浙江工商大学出版社

（杭州市教工路 198 号 邮政编码 310012）
（E-mail:zjgsupress@163.com）
（网址:http://www.zjgsupress.com）
电话:0571－88904980,88831806(传真)

排 版	杭州朝曦图文设计有限公司
印 刷	杭州高腾印务有限公司
开 本	710mm×1000mm 1/16
印 张	12.75
字 数	155 千
版 印 次	2019 年 4 月第 1 版 2019 年 4 月第 1 次印刷
书 号	ISBN 978-7-5178-3185-3
定 价	48.00 元

人生如字，字如人生（代序）

有一句话叫作"人生如戏，戏如人生"，其实"字"也是如此！"字"不仅仅是一个人的"门面"，更是体现一个人的内涵、文化水平的载体。"字"如何书写、运用，取决于每个人的态度和灵感，以及对"字"的认识程度、掌握深度、运用适度。汉字的伟大之处体现在它把"形、音、义"完美地结合在一起，成为世界上最优秀、最具生命力的文字之一。这些文字符号虽不是写实的，却往往更逼真；虽没有色彩，却常常比花朵更缤纷灿烂。每一个字都是一个音符，可以组合、碰撞出动听迷人的乐章……上穷碧落下黄泉，文字所能诱发的幻想世界也是无尽的！

汉字的"形"，是指它的外形构造，就是通常所说的笔画。汉字的书写呈方块形，它的优点就是：结构浓缩，每个字所占的面积小；可横写，也可竖写，还能成为书法艺术品。古人造字，形象地把自己的"国字脸"用到了汉字的书写上，使汉字成了独一无二的"方块形"。其实，何止中国人的脸是"国字脸"，其他国家人的脸也都体现了汉字的"方块形"——"国字脸"。由此可知，汉字是全世界的。

汉字的"音"，是指形声字的表音部分，它的作用是表示字音，即提示该形声字的读音同声旁读音大致相同。语言很丰富，但文字数量则是有限的，用有限的文字去记录丰富的语言，会导致文字的负担很重。因此，就汉语而言，就出现了一个字记录几个语素，有几个读音；一个字记录几个语素，只有一个读音；一个字记录一个语素，却有不同的读音；等等。这就形成了汉字形、音、义之间各种交叉的关系。其表现为：第一，一字一义多音，这是指一个汉字不止一个读音,但意义并无不同;第二,一字一音多义,这是指一个汉字的一种读法表示多个意义;第三,一字数音数义,这是指一个汉字在不同的词里读不同的音,表示不同的意义;第四,数字同音异义,这是指同一个读音,写作不同的字,表示不同的意义。了解汉字形、音、义的交叉关系,就知道了汉字的复杂性,这对书写、理解汉字,区别不同读音都有好处。

另外,汉字的读音也是美妙无比的。用汉语说话抑扬顿挫,朗朗上口;用汉语唱歌声音宏量,字正腔圆。可以说,汉语的读音是世界语言中最美妙的声音之一。

汉字的"义",是指形声字的意符部分,它表示形声字的意义范畴。例如,"赏"字,"贝"是意符,表示这个字的意义与钱财有关,"尚"是音符,表示这个字的读音;"恭"字,从心,共声,恭敬义;"问"字,从口,门声,询问义。

"人"字由撇捺组成,肢体站立,反映从猿到人的演化过程,即精神站立,呈现具有独立人格的生命。细细一想这个字还真有点意思:人的两只脚是用来走路的,要么往前,要么往后,走的姿势与撇捺无关,而两只手的摆动则是撇捺姿势,受此启发,古人把撇捺组成一个"人"字是很有道理的,这也是古人在造字方面极其聪明的体现。别小看这个"人"字,它蕴藏着许多人生的哲理。

其一,从手的摆动姿势看,左手是"撇",右手是"捺",撇捺都是甩的动作,到了年老的时候,左边的"撇"和右边的"捺"都甩不动了,"人"也就没了。

其二,"人"字的笔画只有两画,书写很简单,从中我们可以悟出这样一个道理:简单做人。人的一生有太多喜怒哀乐,烦恼之事总是接连不断,活得累的原因就是没有想开,该放的放不下,没有真正懂得"人"字的含义,许多人感叹"'人'字很简单,生活很复杂",这也许是用辩证法的观点看问题,但人不能总是活在复杂中,因为过多的复杂会使人心生疲惫。往事终将成烟,时过就得翻篇;如果总是纠结,人生哪有晴天。一个人,若思想通透了,行事就会通达,内心就会通泰,有欲而不执着于欲,有求而不拘泥于求,活得洒脱,活得自在。活得平和的人,心底踏实安详,云过天更蓝,船行水更幽。人要活得自在、活得轻松、活出成效,就要懂得怎样去书写"人"字。简单来说,幸福是"人"的要义。

"人"字的读音是第二声,而与"人"字读音相同、声调不同的一个字是"忍",这个"忍"字读音是第三声,"人"与"忍"读音相同,声调为什么会不同呢?做人一辈子,"忍"字记心头,从郑庄公的忍到越王勾践的忍,我们可以发现忍是多么可贵。"忍"是一种生存智慧,也是保全生命的一种策略,忍一时之气,可免百日之忧。"忍字高忍字高,忍字头上一把刀",也许正是这把刀,使得许多智慧之人能在面临危险时,以忍化解险情,求得生存。忍要有耐心、要有信心,受辱而不发火是忍的高境界。当人受气、受冤、受辱时,就要想想"忍"字那温柔的第三声,那么读第二声的"人"就"忍"住了。要知道,关键之时,忍能发挥最大的功效。

唐朝有个宰相叫张公艺,有幸九世同堂,家庭和睦,美名远扬。唐高宗问他家和的秘诀,张公艺挥毫写下了一百个"忍"字。这说得非常清楚:家庭生活中要互相容忍,才能和谐。这个事件的影响力非常大,后来的人们只要看到一户人家的门楣上写着"百忍家声"就知道这一家一定姓张,其后人全以祖先的容忍为荣了。

这就是撇捺人生。

我们再来分析一下"命"字。由"命"的结构就可以看出来,"命"是指人的"命"。上面一个人是指单个人,人下面有一横,这一横象征着路;一横下面的左边是口，右边是单耳朵，像一把斧子，这就构成了"命"字。这个"命"字告诉我们：人人都有路可走，走得好有口福、有饭吃，走不好则遇到斧子，即有祸来临，这就是"命"。大家知道，人的生命只有一次，人的一生中应该至少有一次去叩问命运、思考人生。所谓"不知命无以为君子"，就是这个道理。"春"字也一样，三横、一个"人"、一个"日"构成"春"，这个字寓意很深：人生只有三日，昨日、今日和明日。今日事今日毕，勿将今日待明日；失落东西有处找，失落光阴无处寻。人生虽短，但要像春天的花朵一样，绽放自己的青春。像这样人生如字的例子还有许多，比如"茶"字，茶是将人与自然融为一体的圣物，一句禅语"吃茶去"，消除了多少心灵的疲惫，令人身心柔软、宁静和从容。这个字表面看是"茶"，其实蕴藏着深刻的道理：人立于草木间，是顶天立地的。闲是闲非要管，渴饮清泉闷煮茶，这也是茶文化带给人们的另一种思考。再比如"笨"字，现代词学奠基人夏承焘说："笨是我治学的本钱。"夏老对"笨"字有着独特的解释："笨"字，从"竹""本"声，头上顶着竹册（册是穿好的竹简，即古代书籍），这是教人勤奋用功学习，也是治学之本。总之，古人把"字"与"人"完美地结合在一起，是汉字得以传承的根本原因，也是中华文明生生不息的关键所在。

目 录

了解汉字

世界上所有的文字都是记录语言的符号系统,都是全民书面交际的工具。汉语、汉字等在中国人心中意义重大,汉字,是中华民族的文字。"字",它不仅仅以使用为目的,它还有完善、创新、发展的含义。"字"看似笔画简单,但它跟"孕"一样,下面都有"子",说明"字"还有传承的本义。再看"语"字,由言字旁和"吾"构成,"言"是讲、说、发言的意思;"吾"则是指我或我的。所谓"语",叙也,叙己所欲说也。也就是说,语是指自己说的、讲的话,成语"自言自语"中的"语"就是这个意思。从语言系统看,光一个"语"还不够,还需要"文"字搭配。"文"是汉字的构建基础,也指有条理的纹路。水称水文,山称山脉。"文"是由京字头以及下面一个叉构成,意思是说文人在一起话语很多,观点很多,语言丰富多彩,思想异彩纷呈,也往往相互交织,这就是京字头下面一个叉构成"文"的原因。由此可见,中国的文字凝聚了中华民族的智慧,是中国文化的载体。

　　汉字是"形、音、义"的结合体。鲁迅先生说过,汉字有"三美":意美以感心,一也;音美以感耳,二也;形美以感目,三也。我们学习汉字汉语,就必须了解祖先传承下来的汉字具有独特魅力的原因,了解汉字的字源,分析它的结构,这样才能更全面、更好地掌握汉字、运用汉字、传承汉字,将汉字发扬光大。

第一节　汉字的历史演变

今天,我们习惯了读书看报、翻阅杂志,以至于想当然地认为文字是本来就存在的。事实上,文字这一重要发明,相对于人类悠长的历史而言,还是"新生的事物"。如果没有书面文字,我们便与那些只能教它们的幼仔做几件简单事情的猫狗毫无二致。它们因为不会写字,便不能运用过去数代猫狗祖先们的经验。一个民族文化的昌盛源于文字:希腊因为荷马史诗而留下了它壮阔的文明;地中海几百年的文明都存在于亚历山大图书馆中……是文字将悠远的历史连接成篇章,是文字将人类的沧桑浓缩为智慧,是文字将壮阔的文明演绎成启蒙,是文字将遥远的未知燃成火炬。人们的心灵、智慧、情感等问题都可以在文字中得到启示,文字为我们打开了一扇视野广阔的窗。

汉字是世界上唯一的从古代演变过来的文字形式。

鲁迅先生说过:人类在未有文字之前,就有了创作,可惜没有人记下,也没有法子记下。我们的祖先本来连话也不会说,但为了共同劳作,必须发表意见,这才渐渐地练出复杂的声音来。假如那时大家抬木头,都觉得吃力了,其中有一个叫"嘿哟嘿哟",那么这就是创作,倘若用什么记号留存了下来,这既是文字又是文学。人类从野蛮到文明的重要标志之一就是文字的发明创造。最早的汉字是在约公元前十七世纪至公元前十一世纪的商朝时期出现的,这时形成了初步的定型文字,即甲骨文。甲骨文既是象形字又是表音字,至今汉字中仍有一些类似图画的象形文字,十分生动。表意字是汉语形成历史中最早出现的一种文字。汉字经历了表意字、表音兼表意字、变音字三个历程。象形字来源于图画文字,但是图画性质减弱,象征性质增强,它是一种最原始的造字方法。

中国自古就有"书画同源"一说。这是因为最早的文字的来源就是图画,书与画好比是兄弟,同根生,有很多内在的联系。汉字的起源就是原始的图画,是原始人在生活中用来表达意思的"图画"形式,最终从原始图画变成一种"表意符号"。它们整齐规范,并且有一定的规律性,具备了简单文字的特征,这可能是汉字的萌芽。

汉字成为系统的文字的标志是甲骨文的出现。最初的甲骨文,被认为是"现代汉字"的直系祖先。殷代的主要劳动者都是奴隶,甲骨文中有"奴、仆、臣、妾、臧、奚"等字,这些都是奴隶的名称。《尚书·盘庚》屡次提到农事,甲骨文中有"禾、黍、稻、麦、稷、粟"等字,也证明了殷代确有很多种类的农产品。至今发现的"甲骨文"有五千多个,它们被刻在龟甲和兽骨上,其中可以解读的有一千多个。

甲骨文是商代文字的俗体,金文才是正体,字体的演变显示了正体多繁,俗体趋简的印迹,后来的秦时小篆与秦隶也很好地证明了这一点。刻在青铜器和石鼓上的文字便是金文,因此亦有钟鼎文和石鼓文之称。因为封建割据、四分五裂、各自为政,文字也不尽相同,一直到了秦朝才把文字统一起来。

第二节　汉字的特点

文字的不同特点可以从两方面去看:一是看文字符号所代表的语言结构系统中的单位;二是看文字符号本身的性质。大家知道,文字是语言的载体,是记录语言的符号系统,了解一种文字自然要联系该文字所代表的语言系统中的单位和文字本身使用怎样的符号,只有这样,才能比较全面地揭示一种文字的特点。

1.从汉字记录的语言结构系统中的单位看,汉字是语素文字

记录语素的是语素文字,记录音节的是音节文字,记录音素的是音素文字。汉字主要记录汉语里的语素,如"学习"这个词,写下来是两个字,这两个字代表了汉语里两个最小的音义结合体,即语素。由于汉字记录语素、代表语素,汉字也就有了所谓"字义",显然,这字义就是语素义。汉字代表语素是汉字区别于表音文字——音节文字、音素文字的一个重要特点。

2.从汉字所用的文字符号本身的性质看,汉字主要是由意符和音符组成的文字系统

文字所使用的符号大致可分为三类,即意符、音符、记号。跟文字所代表的语素在意义上有联系的字符是意符,只在语音上有联系的字符是音符,在语音和意义上都没有联系的是记号。表音文字只使用音符,汉字则三类符号都使用。汉字里的象形字、指事字、会意字以及形声字中的形旁属于意符,因为它们跟它们所代表的语素在意义上有直接联系。汉字里的音符指形声字中的声旁,虽然汉字和表音文字都使用音符,但汉字的音符同表音文字的音符有很大区别。表音文字的音符是专职的,汉字的音符是借现成汉字充当的,属借音符性质。在汉字发展的过程中,古代的象形字大都变得不象形了,许多已演变成了符号,从形声字的偏旁看,这些符号一直到今天仍保持着意符或音符的性质。

由于现代汉字以形声字为主,而形声字是意符和音符的结合,虽然音符是借汉字来充当的,但它毕竟是汉字的表音成分,记号在形声字中还起着表

意和表音的作用,因此,从汉字使用的字符来看,汉字主要是由意符和音符组成的一种文字系统。

3.汉字是语素文字和汉字是由意符、音符组成的文字系统,这两个方面是相关联的

语素文字要表示语素的意义,会选择意符和借音符性质的音符。把汉字两个方面的性质联系起来可以得知,汉字主要是由意符和音符表示的语素文字。

第三节　形声字

现代汉字在造字方法上以形声造字法为主,这种说法是有根据的。在商代的甲骨文里,形声字仅占百分之三十七,而现代汉字里的形声字则已达到百分之九十以上。

1.在现代汉字中形声字占绝大多数

这种情况产生的原因主要是形声造字法优于其他造字法。首先,象形、指事、会意只着眼于表意,字的内部没有表音成分,形声字则是音义两全的结构,满足了人们希望文字联系语音的要求。其次,形声造字法容易造字,只要确定了表示的义类,去找一个合适的意符(即形旁),再找一个同音字作为音符(即声旁),一个新字就造出来了。形声字的结构是音符加意符,因此从理论上说,形声造字的可能数就等于音符数乘意符数。比如普通话有四百个音节,常用字典有两百个部首,两者配合起来造字的可能数就可以达到八万个左右,这充分说明形声造字法的能产性。

2.现代汉字中形声字意符的作用和局限

意符是形声字的表意部分,它的作用主要有两个:一个是提示该字所记

录的语素的义类。凡是意符相同的形声字,在字义上或多或少都与意符所标示的事物或行为有关。例如"页"的本义是头,故以"页"作为意符的字都和头、面的意义有关,如"顶、颊、颈"等。"斤"的本义是一种锐利的砍伐工具,故以"斤"作为意符的字大多数和砍伐、截断的意思有关,如"斫、斩、断"等。"手"旁的字大多同手的行为动作有关,如"拉、扯、推、按、提、拔"等。形旁的提示作用不但可以帮助我们掌握字义,还可以帮助我们辨别形似偏旁。如"欠"和"攵"形体相似,但"欠"旁的字与口有关,也就是和口中出气有关,如"歌、歇"等;"攵"旁的字与手的动作或人的行为有关,如"收、改、教、救"等。辨别形似偏旁,对识字教学有很大用处。意符的另一个作用是区别同音字。当一些字读音相同,所用声旁也相同时,区别这些同音字的主要手段就是采用不同的形旁。比如读音都为"yí",用的声旁均是"夷",怎样区分?加病字旁为"痍",加口字旁为"咦",加女字旁为"姨"等,这样同音字就区别开了。严格说来,通过形旁区别同音字,实际就是从字面确定了不同的语素及其意义范畴。

虽然意符有表义的作用,但意符在表义上也有局限性。意符只能表示一种笼统、粗疏的义类,并不能提供具体的意义信息。如"柳、杨"两字,我们只能根据意符知道它们属于树木类,并不能据此断定它们到底是哪一种树,同样也不能根据形符看出它们之间的差别。

3.现代汉字中形声字音符的作用和局限

音符是形声字的表音部分,它的作用是表示字音,即提示该形声字的读音同声旁读音大致相同。既然同声旁的字读音大致相同或相近,我们就可以利用音符提高识字效率,比如认识了"皇"字就可以读出与"皇"同声旁的一批字,如"煌、凰、湟、惶、蝗、篁、隍"等;认识了"希"字就可以读出与"希"同声旁的一批字,如"稀、烯、晞、郗、晞、浠"等,这些声旁在形声字中都起着表音作用,掌握了这类声旁的读音,就可以准确地推出含有该音符的形声字的读音。其次,还可以利用声旁区别形近字,如"狼"和"狠"的字形相似,但"狼"的声旁是"良","狠"的声旁是"艮",它们是音、义都不同的字。

形声字声旁虽然具有表示字音的作用,给识字和学习普通话提供了方便,但音符也有局限性。其局限性主要表现在声旁的表音准确率不高,即有许多形声字,如果按照声旁读音,很可能会读错。这主要是由于语音的演变使古今读音不尽相同。如果把"进"念成"并",把"愎"念成"复",就要闹出"秀才认字认半边"的笑话了。

第四节　字形结构

字形是文字的根本,没有字形,文字便失去了它的存在形式。现代汉字以楷书为规范字体,楷书字形结构可以分为三级:笔画、部件、整字。数十种笔画组成数百种部件,数百种部件组成数万个汉字,汉字就是由若干不能再分解的部件按照一定的结构规则所组成的。但是,汉字是怎样由笔画构成部件,又怎样由部件组成数以万计的各不相同的字形的呢?要回答这个问题,就需要对汉字字形的结构单位、结构模式进行分析。

1. 笔画

笔画是构成字形的点和线,它是字形结构的最小单位。不同的笔画有不同的线条形状,每一种笔画的具体形状叫笔形。

现代汉字的笔形除了点以外,都是直线,没有弧线。横笔、竖笔、提笔是直线,撇笔、捺笔有小的弧度,但基本形式是直线,钩笔、折笔都是直线的变形。汉字的点笔也不同于拉丁字母的圆点，无论斜点还是撇点都有一定的斜度。了解不同文字的笔形特点，有助于识字、记字以及书写的规范。

现代汉字笔画的种类有多少呢？一般认为基本笔画有五种：点、横、竖、撇、捺。由于受笔画间组合关系的影响，又形成了一些变形笔画。列表如下：

基本笔画		例字	变化笔画		例字
笔画	名称		笔画	名称	
丶	点	家、小	㇔	斜点	夕、习
			㇀	挑点	江、习
			丿	撇点	小、六
一	横	平、工	㇀	提	地、打
			㇕	横折	口、展
			㇊	横折提	语
			㇅	横折折	没、段
			㇆	横折钩	月、召
			㇖	横钩	写、饮
			㇇	横撇	孙、戏
			乙	横折弯钩	九、瓦
			⺄	横斜钩	飞、迅
			㇡	横折折钩	扬、仍
			㇋	横折折撇	及、建
丨	竖	上、中	㇙	竖提	以、民
			㇗	竖折	山、母
			㇚	竖钩	何、利
			㇁	弯钩	狗、了
			㇟	竖弯钩	心、电
			㇉	竖折折钩	弓、马
			㇜	竖折折撇	专

基本笔画		例字	变化笔画		例字
笔画	名称		笔画	名称	
丿	撇	人、木	一 丿 乚 乚	平撇 竖撇 撇折 撇点	千、妥 月、爪 丝、台 好、巢
乀	捺	又、八	乀 乚	平捺 斜钩	廷、足 戈、浅

古人认为汉字深藏五行,《指迷赋》云:"字,心画也。心形如笔,笔画一成,分八卦之休咎,定五行之贵贱,决平生之祸福,知目前之吉凶。"这说明五行和汉字的笔画具有对应关系。简单说来,这种对应关系就是"立木,卧土,勾金,点火,曲水",即横是土,竖是木,有勾者为金,有点者为火,有曲笔者为水。

2.部件

什么是部件?汉字字形上比笔画高一级的结构单位称部件,也称构件。有的字由一个部件组成,如"人、手、口、月"等字,内部不能再拆分出更小的结构部件。有的字由两个或两个以上的部件组成,如"休"字由"人"和"木"两个部件组成;"培"字由"土""立"和"口"三个部件组成;"戀"字由"立""日""十""攵""工""贝""心"七个部件组成。

部件有成字部件和非字部件之分。部件本身可以独立成字的为成字部件,如上举例子中的"人、手、口、月"以及"戀"字中的"立、日、十、工、贝、心"。部件本身不独立成字的为非字部件,如"戀"字中的"攵"等。

分析汉字的部件应当有一个普适性的切分原则,较容易为大家掌握的原则是从形切分。从形切分就是把一个汉字从字形上分解为若干部分,如上面对"休""戀"所做的分解那样。从形切分是个总原则,但这个总原则并不是普适的,因为一个字若只有两个部件,基本上只有一种切分,如"休"字,只能切分为两个部件;若有两个以上的部件,就可能有多种切分。多种切分后,哪种切分正确,哪种不正确,就得用"成字"和"组配"两条具体标准来衡量。"成字"指切分下来的最小部分还能成字,如上面所说的"戀"字中的"立、日、十、工、贝、心"。"组配"指切分下来的最小部分虽不能成字,但能组配成其他字,如"戀"字中的"夊"。这两条标准有一个共同点——生成作用,即能作为其他字的构成部分。

3. 组合

组合指的是部件组合成字的结构模式,即各部件在汉字中的位置,以及部件之间的结构关系。我们一般把汉字的结构关系分为三大类:上下关系、左右关系、内外关系。这三种结构关系还可以进行细分。上下关系分为两种结构:一是上下结构,如"思、呆、苗、字"等;二是上中下结构,如"意、壹、赢、奚"等。左右关系分为两种结构:一是左右结构,如"相、信、江、颗"等;二是左中右结构,如"辨、徽、嬲、辫"等。内外关系分为三种结构:一是两面包围结构,分为左上包围,如"庙、病、房、尼"等;右上包围,如"句、刁、可、司"等;左下包围,如"连、毯、赶、翅"等。二是三面包围结构,分为上包围,如"同、间、周、向"等;左包围,如"区、医、匡、凵"等;卜包围,如"凶、画、击、凼"等。三是四面包围,如"困、团、回、因"等。

除以上三类常见的结构模式外,有少数字如"品、晶、磊、森、淼"等,从造字法来看,它们由三个部分按会意方式构成,所以有人把这类字归纳为品字结构。但若从字形结构看,可以看作上下结构,如"品"字等。有些字是穿插结构,如"重""禺"是由中间一竖从上穿插而下;有些字是框架结构,如"噩"

字以"王"为框架,"坐"字以"土"为框架,"爽"字以"大"为框架,"乘"字以"禾"为框架等。穿插结构和框架结构均不属以上三类。

汉字的部件组成整字时,有一定的部位。如单人旁一般出现在左部位;立刀旁一般出现在右部位;草字头一般出现在上部位;四点底一般出现在下部位;而木字旁则可以出现在各个部位。各部件在一个字中所占比例大小都有规定,而这些规则又与汉字书法有密切关系。

4. 笔顺

一个字只要不止一笔,写的时候就有先有后,写字时笔画出现的先后顺序叫笔顺。笔顺受字形结构的制约,是在长期书写实践的基础上约定俗成的,按笔顺写字比较顺手,也便于使用字典词典进行检查。汉字的一般笔顺是:先上后下,如"多、主";先左后右,如"时、休";先横后竖,如"十、于";先撇后捺,如"人、入";先外后内,如"同、问";先中后边,如"小、办";先进后封,如"日、囚"。以上是最基本的笔顺规则,但还有不少汉字并非按此顺序书写,而是另有笔顺规则。例如包围结构形式多样,起笔笔顺也就不可能只有"先外后内""先进后封"两种。同是左下包围,"连"字的笔顺是先内后外,而"毯"字则是先外后内。下包围的字,如"凶"字的笔顺是先内后外。左包围的字,如"区"字则是先写上部横笔,再写中间,最后写外部,这更是超出以上笔顺规则的写法了,它既不是先上后下,也不是先内后外。

弄清一个字的起笔是十分重要的,而有的字不易掌握起笔笔顺,如果弄错了,查字典就很不方便。例如"匕"字起笔是撇笔,不是竖弯钩;"比"字起笔是横笔,不是竖提等。

第五节　汉字部分部首（常用偏旁）名称表以及部分部首（常用偏旁）顺口溜

汉字部首是汉字的重要组成部分,可以说不了解汉字的部首就无从了解汉字的历史演变,也无从了解汉字的内涵与实质。读懂汉字部首、记住汉字部首、运用汉字部首是领会文字、记住文字、运用文字的基础。

1. 汉字部分部首（常用偏旁）名称表

《辞海》有二百零一个部首,除了一些作为单字正文外,其余部首根据比较通行的叫法列表如下:

汉字部分部首（常用偏旁）名称表

部首（偏旁）	名称	例字	部首（偏旁）	名称	例字
刂	立刀旁	到	讠	言字旁	说、课
亻	单人旁	作、们	扌	提手旁	把、挂
八	八字头	公	艹	草字头	莲、芽
人	人字头	会、金	口	口字旁	叶、吗
勹	斜刀头	色、兔	囗	国字框	国、回
勹	包字头	包、句	彳	双人旁	得、很
亠	京字头	亮、高	彡	三撇	彩、影
冖	秃宝盖	写	犭	反犬旁	猫、狗
夂	折文	夏、冬	门	门字框	闪、问
厂	厂字头	原	氵	三点水	江、洞
冫	两点水	净、冰	忄	竖心旁	快
⺍	倒八	单、首	宀	宝盖头	它、家
卩	单耳旁	却	辶	走之	远、边
又	又字旁	欢、观	女	女字旁	好、妹
阝	双耳旁	降、都	纟	绞丝旁	红、绿
土	提土旁	块、场	王	王字旁	玩

部首（偏旁）	名称	例字	部首（偏旁）	名称	例字
大	大字头	奇、牵	木	木字旁	树、桃
广	广字旁	席	日	日字旁	明、晚
弓	弓字旁	张、弯	攵	反文旁	放、数
孑	子字旁	孤、孩	月	月字旁	朋
牛	牛字旁	物	灬	四点底	点、黑
斤	斤字旁	新、断	目	目字旁	睡
车	车字旁	转、辆	禾	禾木旁	和、秋
匚	区字框	巨、匡	鸟	鸟字边	鸭、鸦
冂	同字框	网、冈	穴	穴字头	空、穿
凵	凶字框	凶、击	虫	虫字旁	蛙
廾	弄字底	开、异	⺮	竹字头	笔、笑
聿	聿字头	肃、隶	足	足字旁	路、跟
火	火字旁	炼、炮	身	身字旁	躺
户	户字头	房、扇	雨	雨字头	霜、雷
心	心字底	忘、想	饣（食）	食字旁	饥、饭
钅	金字旁	钱、铅	彐（彑）	雪字底	灵、寻
疒	病字旁	病	皿	皿字底	盆、孟
立	立字旁	端、站	礻	示字旁	礼、社
衤	衣字旁	裙、初	龸	常字头	党、堂
页	页字边	颜、领	罒	四字头	罗、罚
舌	舌字旁	甜、乱	羊	羊字旁	羚、差
米	米字旁	粽、粮	覀（西）	西字头	栗、票
走	走字旁	赵、赶	虍	虎字头	虑、虚

2. 汉字部分部首（常用偏旁）顺口溜

一个"倒"字两偏旁，"立刀"跟着"单人旁"。"炮"字也有两偏旁，"包字头"边"火字旁"。"明"字喜欢两偏旁，"日字旁"配"月字旁"。有"话"就有两偏旁，"言字旁"挨"舌字旁"。"杉"字自带两偏旁，"三撇"紧挨"木字旁"。"色"字藏着"斜刀头"，"国字框"边难"回"头。"分"字头顶"八字头"，"倒八"劝它早回"首"。"伞"字上面"人字头"，打"雷"不怕"雨字头"。"高"字配个

"京字头"，一笑"笑"出"竹字头"。它"家"已有好"宝盖"，"写"字还要"秃宝盖"。"扪"字配有两偏旁，"门字框"外"提手旁"。两偏旁在"芯"里比，"草字头"伴"心字底"。"听"字当中有偏旁，"口字旁"边"斤字旁"。"徒"是完美两偏旁，"双人旁"伴"走字旁"。"犷"是粗野两偏旁，"反犬旁"对"广字旁"。"冬"字头部是"折文"，"绞丝旁"边有水"纹"。"汇"字偏旁敢担当，"三点水"伴"区字框"。水加"两点水"成"冰"，"叩"带"单耳旁"边听。"忧"字带着"竖心旁"，"瞋"着也要"目字旁"。"远"字当中有"走之"，"鸟字边"上有"鸭"子。"奴"字无奈两偏旁，"又字旁"爱"女字旁"。"玖"中见到"王字旁"，累了"躺"在"身字旁"。"牧"字也爱两偏旁，"牛字旁"连"反文旁"。"点"字占有"四点底"，"穴宝盖"下"空"见底。"秋"字带有"禾木旁"，"虫字旁"边"蛙"在忙。"原"字也有"厂字头"，难比"奇"字"大字头"。"防""郁"需要"双耳旁"，左耳右耳都很忙。"坤"字不离"提土旁"，"弓字旁"边"张"做王。"孙"字配有"子字旁"，"转"字必配"车字旁"。"网"字中有"同字框"，"凶字框"中"凶"不慌。"弃"字不弃"弄字底"，"米字旁"边有"粮"米。"肃"字中有"聿字头"，有"房"才有"户字头"。"金字旁"在"钉"字中，"立字旁"在"站"当中。"病字旁"在"疝"字中，"衣字旁"在裙当中。"页字边"上有"颜"色，"足字旁"边"跌"失色。充"饥"需要"食字旁"，"常字头"中有饭"堂"。"灵"字上部"雪字底"，"皿字底"中有"盆"泥。"示字旁"边有"礼"了，"要字头"中有"票"了。"罗"字上面"四字头"，"羊字旁"边"羚"无愁。"虎字头"下"心字底"，深思远"虑"没问题。

巧记汉字

"巧"字的偏旁是个"工"字,说明"巧"也需要花工夫,反过来说就是无工不成巧。记字也一样,花了足够的工夫,巧门自然就开了。清朝的张潮曾精辟地总结道:"藏书不难,能看为难;看书不难,能读为难;读书不难,能用为难;用书不难,能记为难。"要真正掌握一定的记字技巧就要不断地训练自己,在读书时多在头脑里增添"插电门儿",靠它们来连接"合型号""合规格"的插销——字认多了,你会发觉越来越多的"电门儿"接通了"电流","机器"运转了,"光热"发生了,原来不懂的、未曾想到的,都"通"了。这时,你会享受到认字之乐。可以说,字认多了,巧门开了,慢慢就会辨识其义了。

第一节　字义延伸

字义延伸是在把握字的结构、加深字的理解的基础上，结合熟悉的生活材料，拓展延伸字的含义，从而真正把字记牢用好。

甭　该字是上下结构，上是不、下是用，不用是甭的本意。这样的字不难理解也不难记，不用即"甭"。

甩　这个字与用相反，用过的东西破旧了、不想用了，只要在用字中间加上竖弯钩，就可以甩掉了。用字一竖不弯钩，甩了才要竖弯钩。

劣　什么是"劣"呢？"劣"就是比别人"少"出了"力"。人的优劣，不是先天决定的，而是后天形成的。差人一等，不是本质就差，而是后天懈怠、懒惰，比别人少出了力。可以说，付出和努力的多少决定着人生优劣。

回　里面一小口，外面一大口，大口对小口说，你不来我就回不去了。大口迈开腿，怀着小口把家回。

美　中国文学艺术讲究意境，"美"字的构成，就是原始意境的萌芽。"美"字的最初含义是戴着头饰站立的人。日本美学家今道友信认为，汉语"美"字中的"羊"字一定要和《论语·八佾》中"告朔之饩羊"联系起来理解，它是牺牲的象征。美比作为道德最高概念的善还要高一级，美相当于人们所说的圣，美与圣具有同等高度，甚至是作为道德最高点而存在。当"牺牲"大到连自己都要毁灭的时候就成了"美"，成了人们敬仰和学习的榜样。羊字没尾巴，大字在底下，那真叫一个美。

养　没尾巴的羊在上，介在下，构成"养"字。有人说：一人两脚（介）呵护着没尾巴的羊，这就是"养"。

告　一口吃掉牛尾巴的是谁？牛掉尾巴无处告,张开大口哀声叫。

风　"风"看上去很威风,其实心里的出发点是错的,因为"风"字里面是个"叉"。

戾（音例）　戾是罪过、凶残的意思。山区偏远,户户养犬,户犬为戾,人人顾忌。

厌　厂犬构成"厌",厌是嫌、满足的意思。厂内养犬,使人厌犬。厂犬相见,一见就厌。厂对犬说:这下好了,我这个厂子(字)被你这条犬害苦啰!这可真是厂犬在一起,厌字跟到底。

献　南犬构成"献"。南边有一犬,献给动物园,南犬一献,心中无惦。

转　车起源于黄帝时期,那时的车是专门手工制作的,靠人力或牲口使车轮转动,故有了车专"转"这个字。如有专车,到处都能转。车专转,转专车,转了才知是好车。

串　一箭穿一口是中,一箭穿二口是串。一竖穿两口,"串"字记心头。

吉　士口"吉",说明有士气、有口碑,大吉也。吉祥是中国人在长期社会实践和特定的心理基础上逐渐形成的向往和追求。士字下面有一口,"吉"字伴你无忧愁。

吝　吝是指当用的财物舍不得用,过分爱惜的意思。文下有一口,"吝"字在心头。过分吝惜,没有出息!

合　东汉末年,有一次,塞北有人送来一盒酥。曹操尝过几口后,觉得味道鲜美,便用毛笔在盒上写了"一合酥"三个字。杨修看到这三个字后,拿起匙分给大家吃光了。曹操问他为什么要这么做,杨修回答说:"盒上写了一人一口酥,我怎敢违抗丞相的命令呢?"曹操听后笑了,大家也都笑了。人人有一口,合作有奔头。

鸿　江边一只鸟,原来是"鸿"雁。江鸟鸿,字我懂。

胃　这是一个人与自然非常和谐的字。"胃"的上半部分是一个"田"字,田是人类生存的基本要素,人类的食物是通过田地种出来的,四四方方的田犹如罐子可以装许多东西。月部首代表着人体的组织器官,"月"犹如肠子细细弯弯的。把"田"和"月"合成"胃"字,说明古人造字时就深知人类吃的食物是由田而来,又由肠(月)而消化吸收。"胃"字的结构是从田从月,从田可以得到食物,从月发出的力又可以去种田,从而使人类生生不息。田犁好了,月亮出来了,田月构成的"胃"也空了。

举　牛去一撇,兴在头上,轻松、高兴地把牛"举"起来了。

臭　自养一犬还真是臭。反过来说,自己养的犬还怕臭?这叫作:自犬臭、犬自臭,反正都是一个臭。因为自大一点,就被人骂"臭"。反过来说,一个人不自大,才能成为"大"。

姁(音栩)　姁是安乐、和悦的意思。人生在世,谁都希望能一帆风顺,有一个好的结局,为人生道路画上一个圆满的句号。"女"与"句"合成"姁"字,也许女人更渴望完美的一生。言午搭配是个"许",女句搭配也是"姁",许姁音同义不同,记住音义才算懂。

炒　所谓炒,就是食材少,火要好,这样炒出来的东西味道好。这个字告诉我们:先人也知道大锅的饭香,小锅炒的菜鲜,故有了火与少构成的炒。火少炒火少炒,炒出菜肴味道好。

父爹爸　这三个字蛮有意思,虽义相同,但细细琢磨别有一番风趣。"父"字在象形文字中的解释即为父亲之角色定位,是肩披蓑衣迈开双腿奔波做事的人。上面一个"八",下面一个"乂","乂"是治理、安定的意思。"八"和"乂"构成"父",说明"父"字象征着在家庭里你中有我、我中有你,过着融洽、安定的日子。因"父"字下面有一个"叉",故衢州的方言中,习惯尊称父亲为"老叉"。"爹"字,父为了家族的兴旺,想"多"几个孩子,同时父也为家庭和子女付出太"多",故父亲有了另外一个称呼叫作"爹"。"爸"字呢,父虽是一家之主,但也会巴结家庭中的每个成员,以保持家庭平安幸福,故有了"父"下加"巴"为"爸"的尊称。也有人说,"父"字的变形是两个"八",谐音就是"爸爸"。在称呼中,父与母、爹与娘、爸与妈相对应,在隆重场合中应称父或母。

母娘妈　在汉字中,这三个字是美好的字眼。"母"字,肚里的两点象征着孩子,说明给你生命的人是"母",是母亲生你并养育着你。"娘"字,"良"有着善良、优良的本意,"良"与"女"构成"娘"字,说明娘是天底下最好、最优秀、最善良的人。"妈"字,"女"与"马"构成"妈"字,说明妈的优良品质如马那样,秉性耿直、坚贞不屈、任劳任怨、不怕苦、不怕累,为家庭、为子女默默奉献着自己的一切。

替　两个夫是复数,泛指天下有担当的男人。日是太阳,也指天下、白日、时日等。两夫一日是个"替",天下兴替担道义。两夫择日,替换工作。

跌　足对失说:我跟"各"能走出自己的"路",跟了你却成了"跌",真是一失足成千古"跌"啊!

爻(音尧)　上叉下叉,两叉为"爻"。爻,指组成八卦中每一个卦的长短横道。义从"交",形如网,如网中经纬之线互相交叉,织成一个个网目,象征万事万物错综复杂,你中有我,我中有你,变化无穷。两叉成爻有牵挂,此挂不牵牵彼卦。

烊　一是溶化的意思,此时读音同"阳";二是打烊,此时读音同"样",即商店晚上关门停止营业。用火烤羊,羊烊(熟)了。春秋时期,烤羊羔是人人喜欢的美味佳肴。

灭　上面一横火就灭了。这个字提示人们：遇火之时，用棉被或可以遮盖的东西马上把火盖住，火与空气隔绝就灭了。火的克星是一横，一横火灭是根本。

地　所谓土也，就是地，土地是构成万物的要素，是人类一直关注的焦点。

空穷　穴里打工一场空，再卖力还是一个穷！因为"工"和"力"都被困在"穴"里，有劲使不出，所以，"穷"更多地指人的处境窘困，一切都空空如也！但曾国藩的家训中对"穷"的看法有着另一番解释："穷"是"善身"之道。

岔　岔的含义：一是分歧的，由主干分出来的，如岔道、三岔路；二是乱子，事故；三是转移话题，如打岔；四是互相让开，如把这两个会的时间岔开。分山岔分山岔，一分山就出岔！

坌（音笨）　土上面一个分，其实土不想分，而是坌。这个"坌"看上去是分土，其意是聚集。因此，坌的含义：一是指灰尘；二是聚集的意思。分土是个坌，竹（竹字头）本也是笨，坌笨音同义不同，记住以后才会懂。

尘　风吹小土成了"尘"，落入水中往下沉。土一直不明白：土里长出来的"小"子（字），怎么会是尘呢？

尖　下面很大，上面很小，那肯定是尖，小大成"尖"。没大没小不成尖，有大有小才是尖。大小搭配能成尖，大加一横便是天。这个字告诉人们：有"大"平台，"小"的也能成"尖"。"小"的清楚只有借助大人之肩，自己才能拔"尖"。

炽　"只"有"火"才能燃烧"炽"热之情。

匙　"是"藏了一把"匕"首，但不是害人的，而是调羹用的，或是开锁用的。

　　酬　酉：一是指地支的第十位；二是指酉时，即下午五点到七点。州：是指行政区划，多用于地名。"酉"和"州"组合构成"酬"字，说明在某地花费了工时所得到的酬金，是"酉""州"之"酬"。业务工作样样精，得到酬金很开心。我不要报仇，但要报酬。

　　辍　辍是中止、停止的意思。一车拖两双，辍学谁担当？四个小不点（四个又）因赶不上车辍学了！

　　啜（音辍）　啜一指吃，如啜粥，二指哭，如啜泣，把吃和哭集于一身。一口侍两双，大家心发慌！四个"又"码在一起，是为了吃还是泣，只有啜自己知道。

　　辞　辞：一是告别，如辞行；二是不接受，如辞职；三是解雇等。"舌"碰到"辛"，话都说不清，只好"辞"行再打拼。舌辛一起难坚持，只好含泪把职辞！言辞多了舌辛苦，舌辛之辞多无补。

　　蹙（音促）　蹙：一是紧迫，如穷蹙；二是缩小、收敛的意思。上面一个"戚"，下面一个"足"，说明亲戚之间要多走动，这样才不会蹙眉。足在戚下，穷蹙当下。

　　奊（音搭）　上"大"下"耳"为"奊"，见字明义，这个字是大耳朵的意思。饱满的谷穗奊拉着头，丰收的喜悦在心头。

　　歪　不正肯定是歪。身正不怕影子歪，清白做人身不歪。正一直想不通："不"在上面怎么就"歪"了呢？是不是上面的"不"把我否定了才"歪"的呢？以后我这个正能量的"正"绝对不能与"不"在一起了，太伤名声了！有人说，"歪"字来自不想正面对待问题。

　　靛（音店）　"青""定"构成"靛"，靛是指用蓼蓝叶泡水调和石灰沉淀所得的蓝色染料,有靛青、靛蓝等。青很自信:与定在一起,定是靛青。

妒　妒是因为别人好而忌恨。谁把"女""户"变成"妒",无缘无故生嫉妒!

夺　"大"在上,"寸"在下,这就叫以大压寸。然而,寸顶住了大的压力,寸达到了撑大(寸大)的目的,可谓志在必"夺"。

焚霖　"林"在上,"火"在下,"火"烧"林"是"焚"。"雨"在上,"林"在下,"雨"淋"林"是"霖"。这两个字蛮有意思:一场火,焚毁森林;一场雨,滋润森林。这就是大自然生态平衡的法则在这两个字上的体现。

梵　林子里有一凡人,说的是"梵"语(梵语是印度古代的一种语言)。

猋(音标)　猋是最"闹"的汉字,古代通"飙"。从字形上看,是三条狗纠缠在一起,形容狗群奔跑的样子。后引申为"迅速、飙升"的意思。三犬成猋,犬风如飙!

勿匆　勿是别、不要的意思;匆是急促的意思。一根斜杠(平捺)区别勿与匆,其意是有斜杠挡住,做事勿要太匆匆。然而,勿怎么也想不通,为什么斜杠穿心却是匆!勿字一生很平庸,平捺一加便成匆。

省　为什么"少""目"构成"省"字呢?因为少看了一目,观察不全面,所以要反省!从某种意义上讲,"省"与"戒"是相通的,知道猛省前非,日后必有口碑。"少""目"结合的用意就是叫你好省省(醒醒)啦!

眇　该字是左右结构,目作为偏旁还真是少目:一是指瞎了一只眼睛,后泛指瞎了眼;二是细小。目虽少,不"眇"小。

旮旯　旮旯是指角落,或是偏僻的地方。"九"在上,"日"在下是"旮",其意是九天不见日;"日"在上,"九"在下是"旯",指的是见日只有九天,说明这地方是个山旮旯,偏僻,阳光少。九日与日九,旮旯心忧愁。旮对旯说:人家是日久见人心,我们却日九见叴旯,真是不可思议!

咸感　"咸"下面加个"心"是感,说明咸的程度,只有心才能知感。咸若有心便是感,咸若无心无从想。感对咸说:不把心放在底下,怎么努力都是咸!

退　一个走之,一个"艮"构成"退",为便于记忆,我们把它说成:跟(艮)着走就是退。因为跟人家走,没有自己的思想,只能是退了。艮走退,艮走退,跟久了,没机会。

罱(音览)罪罳(音丝)罟(音古)　这四个字上面都是"四",下面分别为"南非思古"。罱是指捕鱼或捞水草的工具,如罱河泥肥田;罪是指犯法的行为;罳是指罘罳,是防鸟的网;罟是网的意思。

罡(音缸)　"四"下面一个"正"是"罡",罡指的是天罡星,天罡星就是北斗星。四正为"罡",北斗之罡,举头向天,敢于担当。四对正说:我俩结合心不慌,名字就叫四正罡。

呆杏　"口"在上,"木"在下是"呆";"木"在上,"口"在下是"杏"。杏对呆说:我再三跟你说过,不要倒立,这下好,呆了吧!

板　一木一反,肯定是板,这就叫反木为"板"。木对反说:人家反目为仇,我们反木为板已经很不错了!要感谢造字之人啊!

药　约你采草就是采草药,因为百草都是药。草药草药,没约哪有药。

舸　"舟"和"可"合成"舸",舸就成了大船。舟对可说:只要你认可,我就把你带在身边,成为舟可舸。可很感动:请允许我叫你一声舟哥,从今往后我俩结合一起虽是舸,但叫法还是哥(哥与舸读音一样,声调不一样,哥是第一声,舸是第三声),感谢啊!

耿　火都在耳边了,还是那么忠心耿耿!耳很自豪地说:与火为伍,一生耿直！从耳从火，耿而不火。耳火在一起，耿字我欢喜。

觚（音辜）　把"角"与"瓜"合在一起生成"觚"字，似乎不太合情理，但了解该字含义后就知造字之人的意图了。"角"有棱有角，"瓜"不但可以吃，其壳还可以做器皿一类的东西。这样看来，觚的含义也就明了了：一是指古代一种盛酒的器皿；二是指古代写字用的木板，如操觚（执笔写字）；三是棱角。角配上了瓜，觚才有个家。角瓜在一起，觚字记得你。

观　"又""见"合一字，真乃奇"观"。早在两千多年前，孔子就提出了一套实用的"识人学"，即"视其所以，观其所由，察其所安"。"视、观、察"三个字在今天都可以解释为"看"，但在古代可是大有学问。《说文》："视，瞻也。"《谷梁传·隐公五年》："常视曰视，非常曰观。"一般的看称为"视"，要用心去了解的称为"观"。在《尔雅·释诂》中还提到："察，审也。"这说明，更细致地去明辨叫作"察"。

土　中国自古以农立国，土地是最基本的农业生产资料，土也是构成万事万物的"五行"之一。比较"士"与"土"这两个字，下面一短一长，是士是土都好商量。

轨　"轨"字当中有个"九"，这个"九"指的是数目，表示多次或多数。"车""九"合成"轨"，表示车开多了就有了轨道。车酒（九）不分离，出轨害自己！车九搭配是个轨，谁忘记了谁后悔。

聒（音郭）　聒是声音嘈杂，使人厌烦的意思。耳边舌战，聒耳难睡。耳舌在一起，聒字让人疲。

鸻（音恒）　是一种鸟名，多群居在海滨。谁说行鸟不行，其实很（鸻）行。

麾（音辉）　指古代指挥用的旗子，现引申为指挥，如麾军等。"麻"下面还有"毛",那就是"麾"了。麻毛成麾,麾军前推。麻配毛,麾字记得牢。

会　人都云集在一起,干啥呢?或是聚会或是开会,反正"人""云"是个"会"。

申伸　申是地支的第九位,申时是指下午三点到五点。这两个字告诉我们,人在写申字的时候,它会提示你:直立于日字(子)中,定有伸展之时!

冷　时令冬,凉水冷。令字有两点,冷得你傻眼。

豁　谷种被害了,豁出去也要把虫给灭了。深谷被害,岂能豁免?有人说:害口可以,大不了再嗐一声,害谷就不一样了,它会豁出去拼命的!

够(夥同伙)　夥是多的意思。果多,获益甚夥。果多为夥,禾多为移。这两个字告诉人们:果多是好事,禾多就要考虑移植了。

货　化贝为"货"。这个字字形直白,字义也直白,是一个双直白的字。也就是说,钱(贝)花(化)了,货到了。

鸡　"又"一只"鸟"飞来,一看是只"鸡"。

畸　田里发现奇异的庄稼,是畸形的。田奇合一,气得成"畸"! 田边一个奇,见畸不稀奇。田对奇说:我俩在一起,畸字跟到底,从今往后没人理。

嵴　这个字分开来是山脊,合起来是嵴,指的是山脊,山脊就是嵴。

认　看一个"人",我们往往只重视他的言谈,而忽视了他的内心。有人说,一人之言是认的开始。

洎泪(音迹)　都是三点水,目字头上加一撇,泪就成了洎,洎是到、及的意思。自古洎今,谁没有流过泪。洎字头上来一撇,洎就劝你开心点。洎对泪说:去掉三点水,我是自,你是目,俗话说得好,自带水不流泪,目带水肯定泪!

皖　皖是形声字,"白"代表明亮、纯净,"完"有完美无瑕的意思,从字形上来看,"皖"是纯洁、美好的意思。白对完说:与你搭配,不是白玩玩,而是白完"皖",懂了吗？皖是安徽省的简称。

质　十分努力打造十分满意的产品,才能赚钱(贝是古代的货币),这就是"质"!

默　这是一条黑色的犬,"黑""犬"合成"默",这是一种说法;这犬跑到了黑暗的地方,害怕得不敢出声,这也是"黑"与"犬"构成"默"的原因,这是第二种说法。由此可见默的含义是:不说话、不出声。这条黑犬太沉默,日子过得很寂寞。大家欢声笑语,它却默默不语。

泵　石下面有水,把水从石缝里抽出来需要一个泵,这就是石水"泵"。石水泵,你不笨,旱抽水,很管用。

巾币　巾字头上加一撇成了币,币字头上去一撇就是巾,这叫作一撇区分巾与币,谁有一撇谁有币。巾对币说:戴上博士帽就身价百倍啦?

毕　从比从十,是个"毕"。这个字告诉我们:十分的努力,十分的付出,比什么都重要,这就是毕。十人来比赛,毕竟有成败。

显　日是太阳,业是事业,太阳底下做事业,公开透明、显而易见。无业如何过日?这是一个显性问题,只有把业做大做强,才能显现好日子。日业为显,生活蜜甜。有人说:心中的太阳(日),从业开始。也有人说:业如日,才显赫。

亳(音博)毫　这两个字相似度较高,很容易记错,亳是指安徽省亳县,毫是指长而尖锐的毛,如狼毫等。毫下面是个毛,亳少了一横就不是毛了,这叫作一横区别亳与毫,谁多一横谁是毫。

仁　一人为人,两人为"仁"。孔子曰:仁者爱人。"仁"是中国哲学的核心概念,也是宗法社会的德性所在,仁者爱人,智者知人。"舍生取义"是儒家之大"仁"。有人认为，古代的"仁"就是"人"，以人为本即是做人的根本。仁，人心也，发于仁心，才有仁道。

魄　白日遇鬼谁怕谁，"白""鬼"成"魄"不怕鬼。白对鬼说：我俩一起能成"魄"，那是造字人的魄力啊！这叫白鬼魄，有气魄。

材睬　这两个字读音相同，"木""才"是"材"，"目""采"也是"睬"。目采睬材，木才是好材。

灿　"火""山"为"灿"，灿是鲜明、耀眼的意思。火山耀眼，"灿"映面前。

骖（音餐）　马参与拉车是"骖"，骖是指古代驾在车前两侧的马。"马""参"为"骖"，力大如山。

岑　是指小而高的山。岑山天天看，今山（今山构成岑字）已变样。

辗（音产）　"单""展"构成"辗"，辗是指笑的样子。你不展，我单展；你不厌其烦，我开心辗然。

代伐　代加一撇是伐，伐少一撇是代。代我伐树，给你补助。伐字一撇犹如刀，代伐树木在山腰。

昶（畅）　"日"在"永"的怀抱里，说明日子永远要过，而且过得很昶。昶：一是指白天时间长，二是指畅通。"永""日"成"畅"，日永舒畅。

敞氅　敞下面有毛还是读氅，这两个字读音相同，但意义不同。此敞是敞亮、敞开的意思；彼氅指的是大氅、大衣。店门开敞，销售大氅。敞问氅：下面长毛就不认兄弟啦？

超　"召"示你，不停地"走"，才能"超"过别人，走在前面。

吏史　吏少一横变成史，史加一横就是吏，吏是吏，史是史，一横区别"吏"与"史"。史对吏说：你知道你是如何成为吏的吗？因为你心太狠，才让你比我多一横而成了吏。奉劝你一句话，做事不狠（横）才是史。

分　给我"八""刀",还是"分"。

掌撑　掌带提手旁,撑就来身旁。掌之所以不能成为撑,是因为掌只有一只手,而撑有两只手(提手旁和手),它撑得起。一掌撑起了半片天,事业兴旺如日中天。

柽(音呈)　柽是用东西触动的意思。这木真长,大家都有柽触(感触)。木长为"柽",柽触真诚。

瓻(音吃)　希望用瓦来做酒器,所以才有"希""瓦"合成的"瓻"字。瓻是指古代的一种酒器。用瓦做的酒器稀少,买个酒瓻到处难找。

行　这个字是左右结构,左边是个"彳"(音斥)字,右边是个"亍"(音处)字,彳亍是指慢慢走路的样子,"彳""亍"两个字组合就是行。彳对亍说:在一起,干啥都行,一分开路都难行,看来团结就是力量啊! 行是一个动态的过程,指行为、行走、执行等,它表现的是具有生命的生生之力。

弛　弛是放松、松懈的意思。"弓""也"不用,人也"弛"了。

瞅　"目"中的"秋"是"瞅",瞅是看的意思。把目光放到秋天,就是目到秋到,瞅瞅笑笑。

氘(音刀)氚(音川)　这两个字很相似,都是化学元素,是氢的同位素之一。它们的上部位都是"气"字,氚多一竖就是氘,氘少一竖成了氚,真可谓是竖区别氘与氚,一件衣服轮流穿。俗话说:气字带立刀,不怕没柴烧;气字有个川,不愁没衣穿。

传　单人旁加一个"专"是"传",说明这项工艺已有专人传承,以免失传。传就是要有专人,这样才能代代相传。这个字告诉人们:凡事专一,才有人传。

幢　幢是个量词,古代原指支撑帐幕、伞盖、旌旗的木杆,后借指帐幕、伞盖、旌旗等,也指刻着佛号或经咒的石柱子。"幢"字分解为"巾""童",幢幢楼房住金(巾)童。

椎 椎是指棒椎、鼓椎。追着要这根木棒,用来做鼓椎,叫追木"椎"。爬高山要好腿,敲大鼓要好椎。

球救 王求来了球,反文旁也要求,结果求来了救。救起一球,胜算一筹。王求搭配,玩球不累。反文旁有求,救字在当头。

鸬鹚 卢带鸟,兹带鸟,鸬鹚鸟是水鸟。船上有鸬鹚,天天有鱼美滋滋。

聪 把耳听到的四面八方的信息汇集成总消息,这就是"耳"与"总"构成的"聪"。也就是说,总是用耳听的人耳朵灵,人聪颖。泉水淙淙,耳目聪聪。耳总搭配,做人聪慧。

从丛 从由两个"人"字组合而成,以两个人前后相随表示"跟从"。一人前一人后是从,叫愿从;两人走一条道也是丛,叫两人丛。一横区别从与丛,从小喜欢绿草丛。

香 上面一个"禾",下面一个"日",想想就知道是禾日香再来的"香"。禾要成熟需时日,时日到了禾自香。一条大河波浪宽,风吹稻花香两岸。"香"字的构造体现了古人对"禾"的向往,有禾的日子吃得香、睡得香。

话 己舌之言,那是真"话"。舌言搭配,话多不累。言舌在一起,有"话"送给你。中国人历来讲究一个"话"字,"话"不仅仅反映一个人的交际素养,也是一个民族的文明体现。所谓话谦养人,话重伤人,说的就是这个道理。

曼 又四日,终于等来了"曼",这个曼可有一个好名声,延长、柔美是她的本意。打起小鼓,伴你轻歌曼舞。

让 这是一个很谦虚、很和谐的字。中国的历史观,非常讲究这个"让"

字。"让"是胸襟与怀抱的体现,一个有品位的上等之人,言出必是让为先。在语言上要有谦让之大度,不要讲大话、空话、过头话。言上搭档,不让也让。让会使友情更稳固,家庭更和睦,工作更轻松。让不是委屈,是大度:君子让小人,让的是理;好人让坏人,让的是品;男人让女人,让的是情;女人让男人,让的是爱;大人让小孩,让的是宠。让是一种高尚的情怀,是智者的智慧。

夸垮　夸字从大从亏,本义是"因为欠缺才会夸大言辞"。"大亏"还"夸"? 你越夸,我的脸就越像苦瓜! 这是一种理解。"夸"字,上面是个"大",下面是个"亏",也可以这样理解:一个自大的人,最终是要吃大亏的,因为自大的人用自大来掩盖无知和无能,必定会在不断的膨胀和莽撞中吃大亏。夸对垮说:叫你不要贪,你非不听! 这下可好,贪这么一点土,夸就被搞垮了,值得吗? 俗话说,精神不垮人人夸,与土为夸真的垮!

能　能的左上角是一个厶(厶是私的古字),厶的含义之一是个人;下面是一个月,月的含义之一是计时的单位。右边是比字的上下之分,也可以把它看作两把匕首。从这个字的结构看,个人的水平需要时日提升、历练、比试,发扬不怕苦、不怕死、敢于拼搏的精神,才能达到无所不能的境界。这就是"能"!

逮　"隶"字加走之,一走必"逮"之。隶很后悔:我不应该走,一走就被逮!

岱　"代""山"构成"岱",岱指的是泰山,是五岳中的东岳。代管这座山叫岱山。天下之岳,喜欢岱岳。

袋　"代"有替代的意思,"衣"指布衣,"衣""代"构成"袋"是有道理的。它不仅可以做口袋,还可以传代。这衣没口袋,请你勿见怪!

歹夕　夕头上加一横变成歹，歹是坏、恶的意思；歹去一横便是夕，夕是指日落前夕或日落的时候。和你朝夕往来，你却不知好歹。夕对歹说：你因心狠才给你一横，这叫报应！

氮　如果把"氮"理解为一气就发炎，那就错了。"气""炎"构成"氮"，氮是一种化学元素，可制氮肥。胖子需要减肥，庄稼需要氮肥。"气""炎"成"氮"，庄稼像样。

诞　言字旁加"延"不是"延"，而是"诞"。诞：一是欺诈、狂妄，如荒诞不经；二是诞生、生日。八十华诞，请你吃饭。"言""延"搭配很像样，从此生了一个"诞"。言对延说：以前跟了"井"要我"讲"，跟了"兑"又要我"说"，后来跟了你的堂弟也叫"炎"，那就一起"谈"，谈来谈去谈不出结果。现在好，跟了你似乎有了归宿，因为我俩结合是个"诞"，以后我俩生出来的孩子都是"诞"生的！

鲛（音刀）　鲛是一种鱼的名字，因为这种鱼像刀一样，所以也称刀鱼。还有一种头小、尾尖、身体灰色、牙齿细小的"凤尾鱼"也叫作刀鱼。七鱼八鱼，最爱吃的是鲛鱼。

忠诚　一个中心是忠，一言事成是诚，这就叫忠诚。"中心曰忠"，"中心"说的是正规自我，时时用抽象的原则来对照检查自我的言行，也就是康德所说的"心中的道德律"。"忠"的标志不在心外，而在心中。有人说，"忠"从字面上看，是心在中间，有定见不转移之意。古人曰："尽己之谓忠，推己之谓恕。""诚"是真实无妄，言必行、行必果，一切道德的行为必须建立在内心真实无妄之上，否则便是虚妄，《中庸》称之为"不诚无物"。君子把"诚"作为道德修养目标，以及达于"天道""天理"的途径。"诚"充实天地之"和"，能够完善自我，完善天地，正如翻译家傅雷先生所说："一个人只要真诚，总能打动别人。"

明　"日""月"一起就是"明"。"明"在汉语里是应用非常广泛又频繁的一个词,有聪明、明智、明白、明察、洞明等多种相近义的意思。知人之"明"不易,"明"者,时刻有着清醒的头脑,不冲动不轻信,明事理明大义,始终是一个明白之人。天上有日月之"明",地上有君羊之"群"。

智　什么叫"智"? 孔子曰:"知人。"也就是说,了解别人就是"智"。"智"是儒家道德规范体系中最基本、最重要的德目之一,也是儒家理想人格的重要品质。知道怎么过日子的人是个智者,这叫作知日者是智慧者。"智"的启示:日知一点,慧智一片。有人说,"智"的本质应是知识,而不是能力,知识不等于能力,知识转化为能力有一个复杂的过程。

岗　"山""冈"合成"岗"。岗:一是指高起的土坡;二是指守卫的位置,也指岗位。没有"山"字的"冈"则是指山脊,如井冈山等。占领山岗,马上布岗。

耐　"而""寸"为"耐"。"耐"是由寸的长期坚持而来。寸对而说:儿(而)啊! 有你就有耐心,没你寸很伤心。有一个词叫"能耐",它告诉我们,所谓"能"都是"耐"出来的。有人说,"耐"最难坚持也最可爱,大凡成功之士都离不开一个"耐"字,"耐"是智慧的象征啊!

捣　岛是个名词,加个提手旁便是动词。捣:一是指砸、舂,如捣蒜、捣米,引申义为冲、攻打等;二是指搅扰,如捣鬼、捣乱等。东晋谢惠连的诗《捣衣》能使我们对"捣"字的理解更为深刻。一直以来,"捣衣"一词始终作为惆怅的代言词,它的意思是捶展布帛,缝制厚实的衣裳。古人只要夜半听得捣衣声,便知是某家男子出征未归,秋天一到便是该为他们缝制冬衣的时刻了。妇人们本应为丈夫久久不归而伤心的,但她们却依然能在寂寞中取乐,相携捣衣,彼此有说有笑,研究如何缝制更精致的衣裳和更结实的腰带。一瞬间,凄凉的画面充满幸福的色彩,人美、衣美、景美、情美。此时人们才猛然意识到,离别不只是藏着悲伤,也藏着淡淡的祝福。

驾　马上加,加什么?"加""马"才有"驾"。这车你来驾,我去坐副驾。

斛(音湖)　角是货币单位,斗是容量单位,一斗为十升。"角""斗"构成"斛",说明斛是量器名,古时以十斗为斛,后来又以五斗为斛。角斗斛,来一斛。

烟　"因""火"而"烟"。生命活得鲜,定要离开烟。

未末　未来的事还是未知数,因此未字上面一横要短些;末表示最后或是终了的事,所以末字上面一横要长一些。预测未来之事,不要本末倒置。长短不一成就"未""末"两字。

赞　二"先"一"贝"是个"赞"。赞是帮助和夸奖的意思。二位先生赞一贝,确实是个好宝贝。有人说,先辈们留下的物质精神财富,这才是"赞"。"赞"在网络语言中使用比较频繁,网友们经常会对一些正能量的事儿"给个赞"或"点个赞",以示关心和支持。

吐　口中有土,吐为快。

嘴　"此""角"加一"口",那便是个嘴。口有此角,嘴要管牢。饭菜飘香,嘴巴一张。

定　上面宝盖代表房屋,加上下面的"正"字,可谓正家而天下"定"。

乔桥　一木区别乔与桥,乔不带木还是乔,乔一带木便是桥。乔木造的桥是乔木桥。

想念　相与今,下面各有一个心,说明相处到一定的程度就有心进而成为想念。想有心、念有心,被人想念真开心。

另加　这两个字都有"口"有"力",只不过位置不同。"口"在上,"力"在下是"另",另是另外、别的、以外的意思;"力"在左,"口"在右是"加"。加:一是增多;二是施以某种动作,如特加注意;三是把本来没有的添上去,如加引号等。所有题都答对,另加一题会不会?做事不但要动"口",还要出"力",这样才能给自己"加"分,这样的人生才是"做加法"。光说不练假把式,光练不说傻把式,连说带练全把式。加对另说:人家叫你另是因为你的力用错了地方,成了另类。今后,无论做什么事,我俩都不能光用"口"讲,还必须致"力"于行动。

格　左"木"右"各"叫"格"。格:一是划分成的空栏和框子;二是规格标准;三是阻碍,如格格不入;四是击打,如格斗;五是推究,如格物。一个国家的国格,其实是由每个公民的人格体现的。简单来说,人有人格,国有国格。

剪　前面掉下一把刀,捡还是不捡(剪还是不剪)。

亲　上"立"下"木"叫"亲"。亲不亲看立木亲;新不新看亲斤新。

强　一个"弓",一个"虽",构成"强"。俗话说,弓虽强但没有弓单强。老子说:"能够战胜别人的只能叫作有力,而能够战胜自己的才算强者。"

息　"自""心"为"息"。息:一是指呼吸时进出的气;二是停止,如作息;三是消息;四是利钱,如利息等。自己的心自己清,息事宁人才放心。劳于自心不是息,宽于自心才是息。

多　二夕叠加,可惜(夕)多了!

坠　坠是落、掉下、往下沉的意思。一个"队",一个"土",构成"坠",说明整队人都掉到了土里,这就是坠。

启　"户"下有"口"便是"启"。启:一是打开,如启封;二是开始,如启用;三是陈述,如敬启者、启事等。户口一起,要用开启,为什么?因为户口组合就是"启"呀！启是一个过程，人们总是在启发、启迪中不断完善自己，推进历史进程。

大庆　一人组合是大，广大组合是庆，一人广大是大庆。

听　从口从斤，不听也听。带着砍伐的工具（古时，斤是砍伐的工具），发出统一的口令，这就是听。一口吃一斤，胡编乱人心，谁都不会"听"！

堤　"是""土"堆起来的叫"堤"。挑土修堤，筑牢河堤。

崬（音东）　"山""东"叫"崬"，崬在东罗（崬罗是地名，在广西扶绥县，今作东罗）。山东山东，崬在心中。

鸫（音东）　东边一只鸟，是鸫鸟。鸫是鸟名，种类很多，是益鸟。"东""鸟"合成是个"鸫"，保护鸫鸟不放松。

黩（音独）　"黑""卖"构成"黩"，黩是指污辱，随随便便、不郑重。有一句歌词叫"酒干倘卖无"，有个生意人是"黑卖太黩武"。

掰　这个字非常形象，一看就知道其意：用两只手把东西分开或折断，如掰玉米等。两"手"中"分"为掰，说明分在两手中，掰在过程中。

昉（音纺）　"日""方"为"昉"，昉是明亮、起始的意思。日搬土一方，房前日方"昉"。日对方说：我俩来日方长，生个"昉"字最理想。

蜚（音肥）　这条虫真肥，原来是蜚虫（臭虫）。

奋　"奋"的原意是鸟张开翅膀从田野飞起。字典中解释"奋"是振作、鼓劲的意思。"奋"发一生在"大田"，大田丰收田也甜。有人说，有这么多大田，够你"奋"发了。

站　立必占其位，这就是站。这个字告诉我们：无论是坐还是站，都已占了位置，那么，在这个位置上就必须把事情做好。

谷　一个"八"，一个"人"，一个"口"构成"谷"，谷是庄稼和粮食的总称。

因谷字中有一个人,说明谷是人种出来的,也是供人吃的。八人一口,谷有了。

牌　"片""卑"构成"牌"。片内卑湿,但有许多碑牌。没有你的关怀,不可能创作这么好的词牌。片卑牌,记心怀。

峡　长江山峡就是两山夹水道形成的。两山一夹,河道变山峡。山对夹说:你想夹我,没那么容易,大不了一起变成峡!

辛　在甲骨文中,"辛"表示手铐一类的刑具。字典中对辛的表述如下:一是辣;二是劳苦;三是悲伤;四是天干的第八位,用作顺序的第八。以"十"而"立"实在是"辛"。

珏(音决)　一点区别王与玉,王玉也能构成珏。这个珏可不是一般的玉,它是合在一起的两块玉。王很自豪地说:不管是单个王还是两个王,只要有点都是玉。

淡　水火中和,冷热中和,反映了中国人的中庸之道和"淡定"的处世哲学。加水(三点水)盐(炎)就淡了。

奀(音恩)　大不充大是个"奀",奀是指瘦小,多用于人名。不好为孬,不大为奀。

改　反文旁盯上了己,就是改。改是变更、修改、改正的意思。自己撰文自己改,这样的文章有文采。

骭(音赣)　骭是指小腿骨、肋骨。骨连着干,骨也要求你多干,这就是"骭"。

胳　"月""各"为"胳",胳是指胳膊。胳膊常甩动,健康又灵动。

颌　合与页分开是合页,合起来则是颌。口腔上部和下部的骨头和肌肉等组织叫作颌,上部叫上颌,下部叫下颌。古时页的本义是头,故合与页构成颌是有道理的。

蚯蚤 "虫""乞"为"蚯"，"叉""虫"为"蚤"，两个字叫"蚯蚤"。勤洗棉被勤洗澡,床上身上没蚯蚤。

亘 旦字上面来一横,亘就出现了。亘是指空间或时间上延续不断。亘古及今,气象万新。日在两横间,"亘"字大无边。旦问亘:你啥时比我多了一块滑板?

羹 羔羊做的羹,美不美? 一碗羔美"羹",大家都喜欢。

觥(音公) 觥是古代一种饮酒器皿。"角""光"为"觥",饮此一觥。

垢 "土""后"有"垢"。垢指污秽、脏东西,也指耻辱。清污垢,人要够。

轱(音沽) "车""瓜"构成"轱",轱指大骨。计划一车瓜,却拉来一车轱。

汩(音古) 汩是指水流的声音或样子。每日三壶水进肠,胀得肚子汩汩响。汩汩水流声,生态情义深。有人说,早上一点,中午一点,晚上一点,日子就这样子过,这就是"汩"。

桄(音光) 光秃秃的木头是什么树? 原来是桄榔树。有了这片桄榔林,村里建房已够数。

妫(音规) 女人成为一条河,这河就是妫河(在北京市延庆县)。记住这个字的方法是:女为妫(女违规)。

生 用生命的观点来看待天地、万物和人体器官,是诸多中国文化的内核。这个字里面隐藏着一个"土",似乎在提醒人们:无土怎么"生"! 还有一个问题同样令人深思:没有一撇何以为"生"!

庋(音轨) 广内支,"庋"相知。庋是指放东西的架子,把东西搁置起来叫庋藏。东西堆满堂,没有去庋藏。

炅 炅:一是指姓;二是指火光。日字下面一个火,"日""火"成"炅"很红火。

阴阳　阴:本义为山北水南,可指月、地、夜、寒、女、死,与阳相生相克。阳:本义为山南水北,可指日、天、昼、热、男、生,与阴相生相克。阴阳说认为一切事物的形成、发展和变化,无不是阴阳两气交合的结果。事物无论大小,都有阴阳之道。懂得了这个道理,就懂得了自然社会和人世沧桑的变化。懂得了这些,人的视野就开阔了,其胸怀也就宽大了。月不带耳不会阴,日不带耳不会阳,带耳才会成阴阳,懂得阴阳心无烦。

嗨　嗨是象声词或叹词。"海"一张"口"就是"嗨"!

起　人生的每一次提升,都是靠自"己"一步步"走"出来的!"走""己"为"起",告诉你,做事业,靠自己。

鼾　鼾是指熟睡时的鼻息声。鼾声如雷,没人敢陪!

旱　与"日"俱"干"肯定是"旱"。旱是指长时间不下雨,缺雨水。日干旱,人心寒。

途　"途"字由"走"和"余"构成,给别人留有"余"地,自己才有路"走"。《菜根谭》说:"事留余地,便无殃悔。"路经窄处,留一步与人行;滋味浓的,减三分让人食。有些人斤斤计较,睚眦必报,因此人际关系不好,做起事来就只能处处受挫和碰壁。

巷　"巷"是人家用的,所以上面一个"共",下面一个"巳"。共有总或同的含义。巳:一是指地支的第六位;二是指巳时,即上午九点到十一点。已经共用一条巷,和睦相处人向上。

蚝(音毫)　虫带毛,好不好?蚝指的是牡蛎,用蛎肉制成的油叫蚝油。有道是:虫毛搭配就是蚝,蚝油出来都叫好。

概　"既""木"成"概"很划算,从今往后有气概。木跟既有联系,木既一起概大气。既对概说:有木相陪你成概,无木陪我既不怪!

力刀　力不出头便是刀,刀一出头就有力。干活要有力,砍柴要有刀,有力有刀就有柴烧。刀力刀力,谁出头谁就是力。

牛午　牛不出头就是午,午一出头就牛了。太阳正当头,午后去放牛。

天　这个"天"字看似简单,寓意却很深。"天"字当中隐含着"人",说明"天"中有"人","人"中有"天",天人是合一的,人与大自然是和谐共处的。

失矢　矢不出头就是为了不失,一旦失了还会矢口否认。矢对失说:叫你不要出头,你偏要出头,这下好了,全"失"了。

靠　这个字的"土"上一撇告诉我们:要远离是非,珍惜有土地、有口福的好日子,这才是最牢靠的。非顶着告,它说这样才能有依靠。

最　"日""取"一个"最",关键要选对。最是极、无比的意思,如最大、无比大等。日取一壶水,最能湿润嘴。

亚严　亚很清楚,没有一撇根本成不了严。严也知道,去掉一撇就再也严不起来了。亚对严说:我掉了那一撇被你捡了? 难怪对我这么严!

立产　立累了,想要多一撇变成产。产也在想,没有一撇该多好啊,那就可以立定了。但是,不管立和产怎么想,庄稼还是要丰产。产很自豪地对立说:有撇才能产出,没撇你就立吧!

十千　感谢一撇十成千,你一千我一千,大家捐款为支边。

予矛　予是我或给与的意思。矛:一是指古代兵器;二是指事物内部各个对立面互相依赖又互相排斥的关系。矛担心予受欺负,就把撇给了予,予成了矛后心情很好。矛有时也很后悔有一撇,不是生活在矛盾中,就是替别人去打仗,真是痛苦!

冇(音卯)　冇是没有的意思。冇肚子里添上两横就怀了双胞胎,冇就变成了有。有跟冇说:肚子空空还要跟我讲条件,你不觉得可笑吗?

思　田在心里,心里有田,那就是"思"。思是想念、思路的意思。心田思,田心思,人人都要用心思。思考就是让智慧的种子在心灵的田地里发芽。苏格拉底说:"未经思考的生活,是不值得过的。"勤耕"心""田"上,才会有自己的"思"路。

非韭　"非"跟"是"相反,非:一是指否定,如莫非、非卖品等;二是指以为不对、不以为然,如非笑、非议等。韭是指韭菜。非下一横,非就是韭。非韭区别在一横,记住它们到永恒。把"非"种在地上(一横代表地),长出来的是"韭"菜。非对韭说:买滑板也不吱一声,真不够朋友!

厚　厂好日子好,"厂"里过"日""子",那叫一个"厚"实。这个字提示人们:只有把厂办好了,日子才会厚实!

侯候　侯是指古代五等爵位的第二等,如封侯;也泛指达官贵人,如侯门。候:一是指等待;二是指看望;三是指时节;四是指事物在变化中的情况,如火候、症候等。区别这两个字主要看矢字左边有没有一竖,有一竖的是候,无一竖的是侯。这叫一竖区别侯与候,用到之时心有数。候对侯说:我比你多一竖,这一竖就是我的支撑,记住了吗?

鲩(音唤)　"鱼"跟"完"搭配成为"鲩",鲩鱼是一种鱼,也叫草鱼。把鲩鱼养好,生活才会好。

惎(音继)　"其""心"构成"惎",惎是毒害、忌恨的意思。其心不可惎,做人要大气。

兀元　"一"下面有"儿"是"兀",兀只有一儿;"二"下面有"儿"是"元",元有二儿。兀元(婺源)烧了一桌好菜饭,庆祝二儿过元旦。

犟　"强""牛"实在"犟",因为犟而无人赞。你一犟嘴,我就闭嘴。母牛责备公牛说:强龙都不压地头蛇,你这强牛还自己犟自己,说得过去吗?

皎 "白""交"组合不白交,而是"皎",皎是洁白、明亮的意思。皎洁的月亮,使我心中敞亮。

嫑(音叫) "只""要"二字可以组合成一个字,那就是"嫑",嫑是只要的意思。只要是个嫑,组合起来就读叫。

界 界:一是指相交的地方,如边界、国界等;二是指范围,如眼界、管界等。田介"界",看得见。田头介绍经验,让你开开眼界。介字顶着田,田界相互连。

禁 "林"与"示"成了"禁",说明林是示范林,是禁止砍伐的。

兢 兢是小心、谨慎的意思。两克相连,小心向前;两克成兢,使人小心。克对兢说:一个克就能克敌制胜、以柔克刚,两个克在一起反而变得小心谨慎,真是让人费解!

景 "景"字,既是"日"在"京"上,又是"京"在"日"下。这里的"日",不是指天上的"日",而是指天子。唐代诗人王勃在《滕王阁序》中就有"望长安于日下"的诗句。此后,人们就把"日下"比作京都。字典中对景的解释:景是指风景、景象、景仰、佩服、敬慕。京上过日,景致真好。河山的风景,城市的美景,祖国处处是胜景。这个字还暗示人们:有阳光的日子就是"景"。

警 警:一是指注意可能发生的危险;二是指感觉敏锐;三是指要戒备的危险事件或消息。火警119,定要记清楚。

吴 "口"在上,"天"在下是"吴",说明生存一天天,口福大如天。"吴"字从吴文化的历史遗存看,与"苏、鱼、虞、渔"紧密相关。就字形看,"苏"字像"鱼"字,而"吴"字即"鱼"字,因为甲骨文上的"吴"字和金文上的"苏"字均像鱼形。就字音而言,"苏、鱼、吴"字韵母相同,"稣"在金文作鱼、禾,而禾系标音，"禾"字古读为马、余，所以"苏"字读为"馀"（虞），"吴、虞"相通。就字义而言，"虞"即"鱼""吴"，韦昭注："水虞渔师也，而虞即渔，虞为鱼"。《释名》曰："吴，虞也，封太佰于此，以虞其智也。"吴地最早的先民是汤山直立人，距今约三十五万年。天对口说：你在我上面我就跟你姓"吴"，你若在我下面我就把你"吞"了。

吞　吞是指不经咀嚼，整个咽到肚子里，后引申为忍气吞声，吞没、吞并等意思。天下一口，吞得无厌。说明天怕口吞，口能吞天。吴对吞说：天下之人，口福为上，你倒好，一口吞天，天都没了大家怎么过！

牵　牵：一是指拉，引领向前；二是指连带；三是指缠连，如意惹情牵。大牛之间插了一个像牛绳一样的秃宝盖，把大牛给"牵"回来了。实力不强，不要牵强。有了秃宝盖，牵上大牛做买卖。

奈　奈是奈何、怎样、如何的意思。"大"包"示"，"奈"何？其实，大示大示更要大胆展示。这条大河，怎奈我何！有人说：大小之间有老二，谁敢奈我！

川　"川"字简洁、干脆、明了。竖撇代表河流，两竖代表平地、平原，由此可见，川是指河流、平地、平原等。川字中间加一横，川就成了卅；点上三点，川就变成了州。走了一周，才到川卅州。

野　一个"里"一个"予"构成"野"。野：一是指郊外、村外；二是指不讲情理、没礼貌、蛮横等；三是指不是人所驯养或培植的动植物等。这条鲤鱼（里予）是野生的。

便　但行好事，莫问前程，与"人"方便，"更"是与己方便，利人也是利己。还有一种解释是：更年之人，更需要方便。

颇　用皮做书页，颇有创意。知道"皮""页"成"颇"，做事不偏颇。

识 "只""言"为"识",从此相识。识是知道、认真、能辨别、知识、见识等意思。孔子曰:"默而识之,学而不厌,诲人不倦,何有于我哉?"其中的"默而识之"是说学问要靠知识得来,这里的"识"在古代文字中是与"志""记"字通用的,做学问要静心,不可心有杂念,更不可力求表现,要默默领会在心。

摩 摩:一是指摩擦;二是指抚摩;三是指研究切磋。这个字告诉我们,手麻一定要摩,摩一摩麻的感觉也就没了,这叫摩摩麻手,精神抖擞。

牙 牙:一是指牙齿;二是指像牙齿形状的东西,如抽屉牙子等。骨头虽补牙辛苦,蜜糖虽甜牙最嫌。假如给牙的右边加上一捺,牙就乐了。牙好饭菜香,体魄壮如山。

蠲(音娟) "益""蜀"成"蠲",蠲是免除的意思。蠲免困难学生学费,珍惜读书时间宝贵。

孑(音杰)孓(音决) 了字加一提是个孑,孑是单独、孤单的意思,如孑然一身。了字加一捺便是孓。孑孓是蚊子的幼虫。消灭孑孓,要有妙诀。

岚 岚是指山中雾气。山风染(岚)了我的眼,停下脚步不向前。

慈 "兹"为代词,是这个的意思。"兹""心"构成"慈",其本意是疼爱,用于长辈疼爱晚辈,特指父母疼爱子女。兹有一心,慈献爱心。

旻(音民) "日""文"组合是个"旻"字。旻:一是指天、天空;二是指秋天。海阔任鱼跃,苍旻任我行。日文为旻,昊天旻行。

斐(音匪) "非""文"组合是"斐"字。斐是指有文彩的样子。努力一场,成绩斐然。

沓 "水""日"成"沓"。沓是多、重复的意思,有时也作量词。泼水的节日到了,人们纷至沓来。

兄兑 兄啊! 头上来两点就兑(对)了。

躺　身贴着尚坐着坐着就躺了下来，所以"身"和"尚"构成"躺"字。躺着看电视，眼睛要近视。

人　人是相互依靠的，分开则是八，靠过头就是叉了。

孤　子表示单独，瓜也是一个一个的，"子""瓜"构成"孤"，说明孤是单独、孤独的意思。孤雁难行，孤掌难鸣。

狂　狂：一是指精神失常；二是指任性、放纵；三是指猛烈、势力大。王者带犬（反犬旁）也发狂，因为当地他是王。

吃　一个"口"一个"乞"构成"吃"。其意是：人想有口饭吃，就必须有"乞"的意识，谦虚、低调，做一个有内涵不张扬的人，这样才能长久。

梦　梦是人们寄托于希望的一种幻想。夕：一是指日落的时候，如夕照；二是夜，如前夕。"林"与"夕"构成"梦"字，这就给"梦"添上了神奇的色彩。在茫茫林海中做梦，说不清、道不明，一觉醒来却发现是黄粱美梦。在夕照之时做的梦是白日梦，在前夕之时做的梦是夜游梦。梦时时刻刻都在昭示着人们：在向着目标努力迈进的过程中，要学会等待梦想的实现。林中夕阳，梦幻吉祥。有人说，繁体字的"夢"，隐含着人生的三个阶段，第一阶段是草字头，草字头拆开是两个"十"，加起来不过二十岁，表明人在少年之时不谙事理，草草而过。第二阶段是"四"，表明人到四十已步入不惑之年，这是人生最好的一段时光，"秃宝盖"意味着房子、官帽等所取得的成就。第三阶段是"夕"，当到了夕阳之时、"耳顺"之年，回味人的一生，还不就是一场"夢"！

呀　呀：一是指叹词，表示惊疑；二是指象声词，如门呀的一声开了；三是指助词，如大家快来呀！牙长在口里，是不是呀？

磨　磨是指摩擦、阻碍、拖延。麻石联手，看谁敢磨！人要精练就要磨炼。从"磨"字的构造上可以看出古人造字的依据——石头上磨东西肯定麻利。

部陪　这两个字的读音叫部（不）陪，耳朵在右是个部，耳朵在左是个陪，区分部与陪，在于耳朵贴近谁，贴近左边我来陪，贴近右边我"部"陪。你不陪，我"部"陪，老人总要有人陪。

止　"止"上面加一横就是"正"，"正"下面加个钩就成"丐"了。

羡　羊字去尾巴，添上一个"次"是"羡"，为什么呢？因为没尾巴的羊是残疾的羊，是次品的羊。"羡"字说明在自身条件不好的情况下容易产生"羡"的思想。没尾巴的羊上荧幕，大家都很羡慕。

束　"木"本来就有不灵敏、麻木的意思，中间加一"口"成了"束"以后，胆子就更小了，做什么都会被束缚住，不敢大胆干了。这叫作：木字胸部有一口，束手束脚难出头。

忘　一个"亡"一个"心"构成"忘"，心都亡了还有什么不能忘了呢！亡人之心不可有，心上那些亡故的事就忘了吧！

悟　"觉悟"："觉"是一个瞬间，是"澄怀观道"的结果；"悟"是一个长长的过程，是一种虚静脱俗的高峰体验。两者结合就可以看见自己的"心"。找到自己的本"心"，发现自我，也就"悟"了。"吾"用"心"去"悟"，定能有所"悟"！

训　"言""川"为"训"。总是教训别人，往往信（训）口开河！有人说："训"是从言从川，信口开河也！

诱　"言""秀"为"诱"，说明秀美的语言往往是诱人的，再优秀也经不住秀言之"诱"。

瓣　两辛夹一瓜，瓣瓣都是花。"辛""瓜""辛"成为瓣，大家都想看一看。

见　古汉字的"见"是由"目"和"人"两个形象字组合而成,经过演变,"目"已经变了形,"人"字的捺笔也成了竖右弯钩,这样一来,"见"字就更简化易记了。人看东西要用眼睛,表示"看见"的意思。

吵　正因为少了一口才会"吵"。少了修养,口无遮拦,其结果是一个"吵"!

罢　"四"(死)"去"了,也就"罢"了.家底空空,罢什么工!这次不管"四去"还是"去四",一切都"罢"了。

署暑　"四"(死)"者""署"名,不行也行。"四""者"是个"署","日""者"也是"暑"。

法　当来来去去的路途中遇到水挡住了去路时,人们便想出了许许多多的法子来克服这一困难,于是就有了"水"与"去"构成的"法"字。法:平之如水,法律必须公道,犹如一碗水端平,体现中国古代对公平的执着追求。"去"加三点水就是法,说明"水"把"去"变成"法",反之,法没有了水也就去了。

龛(音刊)　"合""龙"是个"龛"字,龛是指供奉佛像、神位的小阁子。"合""龙"成"龛","禾""日"成"香"。

衎(音瞰)　行中插丁是个衎,衎是刚直、快乐的意思。这人性格很衎,不知你怎么看!"行""中""干"是个"衎",边行边干是榜样。

街　"圭"字插在"行"中间,无意插出一条"街"。商品整条街,逛了一整天。

壳　士浮在冗上面,"士""冗"就成了壳。壳是指坚硬的外皮。士冗搭配,"壳"字我会。

箜　箜是指箜篌，是古代的一种弦乐器。"竹"（竹字头）"空"组合是个"箜"，演奏起来很轻松。

帽　"帽"字分解为三部分："巾"是指擦东西或包裹、覆盖东西用的纺织品，如手巾，头巾等；"日"是指太阳；"目"是指人的眼睛。这个字形象地告诉人们：为避免刺眼的太阳，外出一定要戴帽子。外出戴上"帽"，不怕太阳当空照。

苦　草头古，真是苦。有你关怀，苦尽甘来。

比　俗话说：人比人气死人。"比"是两把匕首，一把紧贴着另一把，伤人又伤己。比较、计较，带来心理不平衡，这是烦恼的来源，与别人攀比，不如做最好的自己。

贤　"贤"代表明亮，是一个好字眼。何谓贤？或道德高尚，品行出众，以身载行；或明辨是非，长于逻辑思维，口才过人；或学有专长，博闻强识，有实用技能。德行、言谈、道术，三者齐备，才能称为贤良之士。"弃其子孙而好用远人"，在春秋时代已成为贤明君主的共识。

筷　竹字头下一个"快"，"竹""快"组合是个"筷"（人们习惯称筷子为竹筷，因为筷子是竹料做的）。这"筷"字还真不简单，形有两根，称呼却是一双，这里面有太极和阴阳的理念，太极是一，阴阳是二，太极生两仪，两仪生四象，四象生八卦。人们用大拇指、食指和中指握住筷子，里面却蕴涵着"天、地、人"三才之象。筷子一头圆，一头方，意寓着天圆地方。用圆的一头夹食物，说明民以食为天，是民生之根本。方的一头朝上，说明食物来源于天地间。"快"字上面一竹头，用它夹菜无忧愁。

魁　魁：一是指为首的，如魁首；二是指大，如魁梧；三是指魁星，是北斗七星中的第一星。斗鬼之人，魁梧！也就是说，"斗""鬼"是个"魁"。

愧　鬼文化在经过漫长演变后变成了中国人生活的一面镜子。"愧"字表示人与鬼一起,不是人鬼情未了,而是做了"愧",天天在后悔。人啊,"心"中有"鬼"才会惭愧!

堃(音坤)　一方土为坊,两方土为堃。堃同坤,多用于人名。"坤"字由"土""申"合成,申是什么意思呢?申是物体都已经长成的意思。象征土、石、山、川已经形成,也就是大地形成了。坤的卦名也由此而来。在帛书中坤也作川字。

昆　昆:一是指众多,如昆虫;二是指子孙;三是指哥哥;四是指昆仑,如昆仑山脉。"日""比"构成"昆",谁说我头昏!

证　有什么心说什么话,这就是"证"。一个人心正,口才会正。

类　一个"米"加一个"大"构成"类",说明实物米为大,米大为类。实物要归类,凡事要做对。

妯娌　妯娌是指兄和弟的妻子。"由里"各加女字旁就变成了"妯娌",不管有理(由里)没理,配上女字旁,由里成妯娌。

厘　厘:一是指单位名;二是指小数名;三是指治理、整理。厂里组合不差厘,差厘我就回厂里!

岁　这个字中的"夕"有两种含义:一是指日落的时候,如夕照;二是指夜,如前夜。"岁"有三种含义:一是指计算年龄的单位,一年为一岁;二是指年,如去岁、岁月等;三是指年成,如歉岁、富岁等。"岁"字看似令人费解,细想还是有道理的:当太阳快落下的时候,人们看到山后那金灿灿的夕照,在感叹时间短暂的同时,便把"山"与"夕"组合一起,编造了一个"岁"字。

腿　"月"与"退"组合成"腿"。有了月退腿,世上走一回。

出　身在大山中,只要翻过眼前两座山,就会找到"出"路。

较　"车""交"能成"较"。较:一是指比、比较;二是明显,如彰明较著等。不高兴,才较劲。什么都没要,交车就是较。有人说,一个"较"字反映出古时交战双方以车马进行较量的场面,车马的优劣是胜负的关键。

怪　竖心旁加一个"圣",怎么组合都是一个"怪"。怪:一是指奇异、不寻常;二是指神话中的怪物;三是指很、非常,如怪好的;四是指怨、责备,如不能怪他。圣人的心(竖心旁)怪怪的。此心不坏,但也古怪。衢州有三怪:钟楼的"独角怪",县学街的"白布怪",蛟池街的"鸭怪"。"怪"字在中国先民尤其是圣人眼中,有着浓厚的神秘色彩,一切无法解释的奇异现象都以"怪"而概之,并演变成一种鬼怪文化,影响着人类生活的方方面面。

杜　又木又土那是杜。木与土都是五行之一,木克土是因为木能破土而出。满山遍野都是花,我最喜欢杜鹃花。

虽　口虫相随就是"虽"。虫带口,虽出手。口吃虫,吃不穷。

造　一个走之加一个"告",边走边告,胡编乱造。

忙　一个竖心旁加一个"亡"构成"忙"。这个字告诫人们:凡事有心则忙,无心则亡!

驻　驻:一是指车马停止,如驻足;二是指停留在一个地方,如驻军等。马做主的地方是驻马店。

角色　"用"字头上加把刀是"角";"巴"字头上加把刀是"色"。"用巴"两字头上带刀就变成了"角色"。这个角色请你用吧(巴)。

晋　晋:一是指进、向前,如晋见、晋级;二是指朝代名、国名等。"亚""日"构成"晋",有晋我高兴。因"亚"是次一等的,故要与日俱进(晋)。

享亨　古代"享"与"亨"两字是通用的。"享"是供奉天、供奉先祖时祭祀的供品。"亨"字是象形字,金文字形像盛祭品的器形,该字的字音是从一种劳动号子中来的。字典的解释:享是指享受、受用;亨是通达、顺利的意思。这两个字的区别在于一横,如果要享受就多一横;要通达、顺利就要减轻负担少一横。勤劳之人享福气;万事亨通靠灵气。

言 所谓"言",就是言论。知言就是既了解别人说的是什么,也知道自己应该怎么说,既能听到动人的乐章,也能品出弦外之音。《论语·公冶长》里说,要言行结合起来考察,才能真正看清一个人。一点一"三"一"口"是个"言","三""口"加一点,谁来先发"言"。

得 一个"双人旁",右边"旦"字下面加一个"寸"构成"得"字。这个字还是蛮有意思的:人想过好日子就必须勤劳(得字中含日),早晨早起(得字中含旦),珍惜每寸光阴(得字中含寸),这样才能"得"到更多,多劳才有多得,不劳哪能有得!

柔 上"矛"下"木"是"柔"。柔是软、不硬、柔和的意思。刚柔相济,才有生气。"矛"一直想不明白:在古代,我是兵器,能与盾相媲美,自从搭上了"木"怎么就变软了呢? 真是造字弄人啊!

易 一个"日"加一个"勿"构成"易"。这个字似乎提醒人们,勿要把日子(字)看得很容易,其实一切都在变。宇宙的本性就是差异、变化,人类的历史也是如此。唐代著名学者孔颖达对"易"字有较为精辟的阐述:"夫《易》者,变化之总名,改换之殊称。"后来有人据此总结为三点:简易、变易、不易,通俗地讲就是简单易行,变化不定。到了近代,有人认为"易"便是蜥蜴的简化,因为蜥蜴自身的颜色会随着环境的不同而变化,当它依附于某种物体时,它身体的颜色就会变成物体的颜色。《易经》说明万物的变化之理,取蜥蜴作为象征,所以便取名为《易经》。

业亚 业上面加一横是亚,亚上面去一横是业,这叫作一横区别业与亚，谁业谁亚都好查。业对亚说：多一横有什么好，哑（亚）了吧！

处外　处：一是指地方，如住处以及部门等；二是指机构、办事处。外是指关系疏远的，与内里相反。我们可以用形象的方法来记忆，"卜"的一竖是指标杆，"卜"的一点是指标杆投下的日影，用圭尺（测量影子的尺是泥土做的，长五寸，名叫圭）测量日影的长短和方位就叫"卜"。当夕阳照在标杆上时，"夕"字的捺笔要长一些，表明太阳还照着标杆（卜），"夕""卜"还有关联，此时日影所处的位置就是"处"。当夕阳照不到标杆时，"夕"字的捺笔就不出头了，"夕""卜"分开就成了"外"。区别这两个字主要看"卜"在里还是在外，卜夕分开则是"外"，卜夕不分则是"处"。卜夕不分"处"得好，卜夕分开"外"面好。

执　手拿着丸就是"执"。"执"感到自己的工作太枯燥，于是，给自己添个"土"变成了"垫"，加个"力"就是"势"，来点水（四点水）那就"热"了。

需　"而"要"雨"就成了"需"。需：一是指需要，如按需分配；二是指必保用的财物，如军需。需要你就离不开你，就像而要雨一样。而顶雨是为了需，雨而为需也必须。

凹凸　口往下陷是凹，往上突则是凸。凹凸不平，寸步难行。凸对凹说：用我的凸来填你的凹，我们俩就不凹凸了，路也平了。

窦　上面"穴"下面"卖"，穴里卖窦，是穴卖"窦"。窦：一是指孔和洞；二是指可疑的地方。穴卖能成窦，让人生疑窦。

志　"士"者有"心"，"志"在必夺。"志"与"无志"正是"道"的分水岭。"志"意也，就是一个人"士"心中有所寄托。古人曰："在心为志。志合者，不以山海为远；道乖者，不以咫尺为近。"曾国藩说："士有三不斗：勿与君子斗名，勿与小人斗利，勿与天地斗巧。"所以曾国藩一门心思做实事，创下了九年内连升十级的官场奇迹。

疼　病字旁里一个冬,说明在病房里过了一个冬天,疼得我都想不通。这个字告诉我们:冬天生病最让人心疼。冬在病房里,"疼"在我心里。

飏(音留)　留留在了风里,风也留住了留,是风留"飏"。飏是微风吹动的样子。飏飏之风,使人轻松。

上　"上"字左边加一竖是"止","止"上面加一横是"正","止"上面有"人"则是"企"。

氯　"录"与"气"组合是"氯"。"录"与"气"有脾气,两字组合生氯气。

孖(音孜)　一个子是子,两个子也是孖,这个孖指的是双生子。

勉　把"免""力"两个字合成一个字那就是"勉"。勉力就是要继续努力,而不是把力免掉不出力。勉在想:把我免了是我无力,现在有力我就要勉力。

黾(音皿)　一开口就来电,那是黾。黾是黾勉、努力的意思。工作要黾勉,思路要超前。口一带电,黾就出现。

仄　"人""厂"合一是个"仄"。仄:一是指倾斜;二是指狭窄;三是指心里不安、歉仄。过分自责,让人歉仄。

恁(音嫩)　恁是那么或那的意思,如恁高、恁时等。心有任务,恁时不误。

嬲(音袅)　二男夹一女是个"嬲"。嬲是戏弄、纠缠的意思。此事再嬲,定当不饶。男女男,想嬲难。

匏(音咆)　"夸""包"组合是个"匏"。你种的是南瓜,我种的是匏瓜。

贩　为了贝(钱),买货卖货,反反复复,这就是贩,是贝反"贩"。将货与贩进行比较,一个是化贝(钱)为货,一个是翻倍(反贝为贩,翻与贩,前者是第一声,后者是第四声)赚钱。

丕　"不"下面一个"一"是"丕",叫不一"丕"。丕是大的意思。美化一片,环境丕变。

陴郫　卑是低下的意思。"卑"加左耳朵是陴,加右耳朵也是郫,陴指的是城垛子,郫则是地名,如四川有一个县就叫郫县。区分陴与郫,看看耳朵在哪里。

值　正直做人,应是人生的追求。站得"直","人"的身价才高!

飘　飘是随风飞动的意思。"票"和"风"在一起肯定是"飘",是票在风里飘。一边吃年糕,一边欣赏雪花飘。

瞥　"敝""目"组合是"瞥"。瞥是指短时间内大略看看。我在面前,瞥了一眼。

氕(音瞥)　气头上加一撇就不气了,而是"氕"了。氕是氢的主要成分,是氢的同位素之一。瞥一瞥就知是气撇气。

氆(音普)　普藏在毛里还是念普,是毛普"氆"。氆是藏族地区出产的一种毛织品。到西藏买氆,还要去推普(推广普通话)。

攲(音欺)　"奇""支"组合是"攲"。攲是倾斜、歪向一边的意思。这根树枝长得太攲侧,锯了又怕失去其本色。

亓(音其)　两横一撇一竖是"亓"。亓比较保守,它连横在头上的一都不敢突破,所以它成不了开明的"开"。

齐　文下面有撇竖,那就齐了。老师在,大家坐得很整齐。齐经常告诫自己:文人心要齐,首先两只脚的步伐要整齐!

尺寸　寸若要走(走之)是"过",尺若要走(走之)是"迟"。本来尺比寸长,但现在尺有所"迟",寸有所"过"。落伍者往往只是比别人晚"走"了一

"尺",这就是"迟"。虽然"寸"步难行,但只要坚持"走",就有"过"人之处。

耆(音其) 日子(字)把人都变老了,是"老""日"成"耆"。耆是指六十岁以上的老年人。人到耆年,不如以前。

透 边走(走之)边秀,秀得很透。走秀走秀,大家看透!有人说:只有不停地走,才能达到秀里透红。

苗 草字头泛指植物的幼苗,草在田里成了苗,是草田"苗"。田里的草能成苗,长大丰收日子好。

蚕 天下一虫是什么?是"蚕"。有人说,这天虫就是从天上下来为人类造福的虫。七棉被八棉被,最喜欢的是蚕丝被。

季 "禾"下面一个"子",说明禾苗长大结了籽(子),收获的季节到了,这就是"禾""子"构成的"季"。一年有四季,最喜欢秋季。

肴 叉下有什么?原来是叉有"肴"。一桌好菜肴,大家吃得好。

窖 穴告诉你,这是一个窖,什么窖?是"穴""告"构成的"窖"。窖是收藏东西的地洞。躲在地窖,凉快睡觉。

畔(音判) 畔是指田地的界限。田各一半,以畔为界。到了河畔,左顾右盼。

怯 心(竖心旁)都去了,肯定"怯"。怯:一是指胆小没勇气;二是指俗气。到了赛场,有人怯场。

腺 "月""泉"组合是个"腺"。泉是带水的,那么腺肯定与水有关,腺是指生物体内由腺细胞组成的能分泌某些化学物质的组织,如汗腺、泪腺等。

中 "中"字不仅有方位上居中、居要位的内涵,还有行为处世恰到好处、追求中庸的意蕴。因此有人这样解释:在一方块地上插一根旗杆,意为"中"道而行,不偏不倚。这就是中庸所说的"执其两端,用其中"的思想。

"中正"在我国传统文化中也是一种哲学思想,有墨子的"中用",儒家的"中庸","易经"的"中正"和道家的"中和"。

远近　"远"字由"元"与"走之"构成,"元"有着开始、为首的含义。"近"字由"斤"与"走之"构成,"斤"的本义是一种锐利的砍伐工具。远近这两个字提示人们:大凡走得远的人,一开始就有自己的计划,不会走弯路,容易达到目标要求。而喜欢套近乎的人,往往都是走不远的,因为近字中有一个"斤",走得太近离伤害就不远了! 远近关系心有底,贴得太近伤自己。

教　一个"孝"一个反文旁是"教","教"是一篇"孝""文",教人怎样做人。

擎　上面一个"敬",下面一个"手"是"擎",擎是向上托举的意思。制作擎天柱,手艺靠得住。开山劈渠,众擎易举。

舒　舒:一是指展开、伸长;二是指从容、缓慢。"舍""予"就是"舒",说明舍予他人,舒心的是自己。

晟(音剩)　"日""成"构成"晟",晟是光明的意思。日有成果,晟是磊落。

揉　提手(提手旁)矛木,揉一揉。揉:一是指回旋地按、抚摩;二是使东西弯曲,如揉以为轮。开始揉面,晚上吃面。

矜　"矛今""毛巾"要分清,原来"矛""今"才是"矜"。矜:一是指怜悯、怜惜;二是指自尊、自大、自夸;三是指庄重、拘谨。昨天多有托辞,今天特别矜持。

氰　把脸气青,氰就来了。氰是一种碳与氮的化合物,毒性很强。管好气青氰,大家都放心。

裘(音求)　此求衣还是彼因衣,此求衣是"裘",裘指的是皮衣。大胆往前走,集腋能成裘。

糇 "米""臭"构成"糇","糇"字的本义是炒米粉。表面看似米臭,其实糇是干粮。出门带足糇,心中无忧愁。

取 "耳""又"联合来"取"了。耳又来取,谁敢不取?什么都不争取,吃亏咎由自取。

趣 边走(走之)边取,取得有趣。志趣相投,无忧无愁。走过一段艰难之路,终于取得成功,这就是人生的乐趣。

畎(音犬) "田""犬"组合是"畎",但不是真的犬,而是指田地中间的沟。田地分割线,要以畎为界。

茸(音容) 耳上长草(草字头),长出了一个"茸"。茸:一是指草初生的样子;二是指鹿茸。见到绿茸茸的草地,大家欢天喜地。

蹂(音柔) 左边足字旁,右边一个柔,叫足柔"蹂"。小狗遭蹂躏,大家很同情!

背 "北"是方向,"月"是人的组织器官,"北""月"构成"背",说明这个字与人有关系,如背脊、背部、背人、背书等。北问月:北面的月分外明,你背我看行不行?

挲 玩沙的手是沙手"挲",挲是用手轻轻按着,一下一下地移动的意思。于上沙,挲成雕,有多娇。

舢 舟山是地名,"舟""山"合起来则是"舢"字,叫舟山舢。工作生活有富余,划着舢板去钓鱼。

苫 占了草(草字头)就要把草利用好,这就是"苫"。苫是指用草编织成的草帘子或是草垫子。用苫很环保,大家都叫好。

扇 窗户没有关好,羽毛飞了进来,"户""羽"就成了"扇"。虽然没有电风扇,户户都有羽毛扇。

示　二小不小,也有指"示"。二小做示范,我也跟着干。

贳(音市)　一世的宝贝就叫"贳"。贳:一是指出借;二是指赊欠;三是指宽纵、赦免。世贝贳,要上市。世对贝说:有市无市就看我俩的世贝"贳"。

勇　刘伯承曾说,"勇"字,就是"男"子头上有一顶光荣的花冠,如果打仗不勇敢,就不像男子汉。

叔　"叔"字左边是一个"上"一个"小",右边是一个"又",这个字提示我们:又是上小不分,叔就来了。

殳(音书)　"几"下面添一个"又"是"殳",殳是古代的一种兵器,属于棒类,后世叫棒,用竹子做成,有棱无刃。上"几"下"又",殳字记得住。

几凡风凤夙　"几"如果心里有一点便是"凡",给个叉是"风",加个"又"是"凤",添个"歹"是"夙"。几天下来不平凡,凤愿是在风和日丽的时候去动物园看凤凰。

赎　赎:一是指用财物换回抵押品;二是指用行动抵消、弥补罪过。把卖了的贝赎回来,这就是贝卖"赎"。进了监狱劳改队,努力改造赎余罪。贝卖贝卖,赎回不卖。

吹　"口""欠"修养才会"吹",那些靠"吹"牛皮的人,肯定没有真本事!

说　话说出口,就要兑现。有人说:言兑为"说",这个"说"字的构造还蛮有意思。"兑"字中间一个"口","口"上面有两点,这两点提示人们说话要有条理,一点是一点,清清楚楚不重复。"口"下面有一个"儿",这个"儿"说明不能把话当儿戏,否则会祸从口出,造成不良后果。这就是"说"!

飔(音丝)　风中思是风思"飔"。飔指的是凉风。风中思考,清醒头脑。

木　"木"加一撇成了"禾",加两点成了"米",下面加一横变成了"本"。

木和(禾)米,本离不开你。

驷　"四""马"组合成为"驷"。驷是指古代同驾一辆车的四匹马,或套着四匹马的车。一言既出,驷马难追,如要后悔,问题一堆。

驯　驯是指驯服,顺从、服从人的指使。"马""川"是个"驯","言""川"也是"训",驯马有教训,私情绝不徇。一马平川,那是驯马场。我养马,你驯马。

嵩　"山""高"为"嵩"。嵩:一是指高;二是指嵩山。嵩山在河南登封县,是五岳中的中岳。登封旅游香,影响在嵩山;登封有名次,辉煌少林寺。

娑(音梭)　沙女是谁?原来是"娑"。观海正当午,娑娑在起舞。

趖(音梭)　坐着走,走着坐是个"趖",趖是指走得很快。走路如穿梭,说明走得趖。坐如走,走如坐,说明是半蹲着身子走的,所以走得快。

填　真的需要土填还是土要真填?答案是土真"填"。为大坝填土,不辛苦。

忝　天下之小,小到只能在小的右边加一点,这便是"忝"。忝是谦辞的意思,忝属知己,忝列门墙。"忝"加三点水还是"添",但这个添是增加的意思,你雪中送炭,我锦上添花。"忝"加舌字旁是"舔",这个舔是用舌头接触东西或取东西,舌头舔一舔,知菜咸不咸。"忝"加个提手旁则是另外一个"掭",这个掭是用毛笔蘸墨汁在砚台上弄均匀,即掭笔,掭笔挥毫,把字写好。

秃　禾没几株,是块"秃"田。把光秃秃的山,变成金山银山。禾对几说:与你搭配,禾没几根,全秃了,真是造字弄人啊!

姿　少女为妙,次女为姿。姿:一是指容貌;二是指形态、样子。次女姿容美,想多看几回。跳舞姿势非常美,我想跟她学几回。

疃　"田""童"为"疃",不是儿童团。疃:一是指村庄,多用于地名;二是指禽兽践踏的地方。这个疃的粮食,多被野兽吞食。

娓　若有带尾巴的女人便是女尾"娓",那这个女人的故事肯定娓娓动听,令人开心。

翁　公送羽给翁是公羽"翁"。翁有羽绒服,心里很舒服。公羽在一起,"翁"字记心底。

瓮　"公""瓦"组合是个"瓮",但这个瓮是一种盛水盛酒的陶器,成语瓮中捉鳖就是这个瓮,也就是在陶器里面捉鳖,那还不容易!

巫　"工"字里藏了两个人,从此"工"就变成了"巫"。巫可没有什么好名声,她是一个专以祈祷求神骗取财物的人。求巫求神还不如自己振作精神。工对巫说:你把坏人引进来,自己却成了巫,怪谁呢? 这叫咎由自取!

吾　五口之家,吾是家长。吾指我或我的。吾为大家带路,希望不要走错。

悉　心都被采了,肯定是熟悉的"悉"。悉:一是指知道;二是指尽、全。对你悉心悉数,对他了解不够。

翕(音西)　"合""羽"成"翕",翕是合、和顺的意思。这里有山有溪,氛围也很合翕。合对羽说:我俩搭配,"翕"字宝贵。

犀(音西)　尸下有水牛却不是真水牛,而是"犀"牛。犀:一是指犀牛;二是指坚固、犀利。尸下有水牛,犀牛实在牛。

玺　"玉""尔"是"玺",玺是指皇帝的印,也叫玉玺。"玉""尔"在一起,该字是个"玺"。

瞎　目被害了,成全了一个字,那就是"瞎"。看着很忙,其实瞎忙。

厦　在厂里生活了一个夏天,叫厂夏"厦"。厂对夏说:你来我这里也算是找到了门,叫厦门。

籼(音先)　籼是水稻的一种,叫籼稻。米山"籼",说明山里人也喜欢吃籼米。种籼稻吃籼米,营养价值谁能比?米山为籼,味道很鲜。

氙(音仙)　"人"(单人旁)"山"成仙,"山""气"也成氙。氙也是一种化学元素,把氙装入真空管中通电,能发蓝色的光。山气结合能成氙,学化学要记心间。

黠(音辖)　黑意味着狡猾,吉意味着聪明,"黑"与"吉"这两个字组合在一起成为"黠"字,这就意味着黠是狡猾而聪明的意思。这人做事圆滑又慧黠。黑吉结伴行,黠字非常灵。

尊　尊对寸说:尊敬的寸,请你悠着点!"寸、酉、点"组合就是一个"尊"字。"尊"也不孤单,加个足字旁成了蹲点的"蹲",加个走之便是遵循的"遵"。

墨　这土黑得像墨一样,就叫黑土"墨"吧。名人墨宝,贵如珠宝。黑对土说:你看我俩又黑又土的,其实是文人的墨宝啊!

鹇(音闲)　"闲""鸟"组合是"鹇"。鹇是鸟,叫白鹇。山里去休闲,见到鸟闲鹇。

和谐　一"禾"一"口"构成"和"。在关于中国文字的记载中,"和"的概念最早出现于周朝。何谓"和"?《中庸》给出了最佳答案:"喜怒哀乐之未发,谓之中;发而皆中节,谓之和。"其意是喜怒哀乐没有表现出来的时候,叫作中;表现出来又合乎礼节,叫作和。这样就能达到"中和"的境界了。"和"是个同事物相互联系、汇聚而得以平衡,也就是多样性的统一。中国传统文化非常重视"和",主张"贵和尚中","和"是取得事业成功的必备条件。君子和而不同,"和"渗透着中国人几千年来待人接物的原则与智慧。和则一,一则多力,多力则强,强则胜物。一"言"(言字旁)一"皆"构成"谐"。配合恰当是"谐"的应有之义。这两个字告诉我们:人人都有饭吃是"和",人人皆有发言权是"谐",这就叫和谐。

岩枯柴　"山""石"为"岩","古""木"为"枯","此""木"为"柴",概括起来就是:山石岩中古木枯,此木为柴。

衔　"行"中插"金"(金字旁)是个"衔"。看燕子衔泥筑窝,我也要买套房屋。行字中间有个金,有了职"衔"人开心。

嫌　"女""兼"构成"嫌",说明一女兼多职,嫌太闲。你不嫌我,我不嫌你,人生路上多一知己。

贝见　这两个字的区别在于:贝下面的右边是一点,见却是竖右弯钩。未见贝,心里不是滋味。见对贝说:你另外一条腿太短,所以见不到我。

蚤(音响)　乡下有一虫叫"蚤"虫,蚤是知声虫,也叫地蛹。你抓蚤虫,我捉毛虫。

飨(音响)　飨是用酒食款待人或满足的意思。此书出版,以飨读者。村民可爱,以飨款待。乡食为"飨",见字口馋。

此　"此"下面添上"二","此""二"就成了"些"。此些材料,出人意料。

訾(音紫)　"此""言"构成"訾"。訾:一是指姓;二是指说别人的坏话。不管有意无意,不要不苟訾议。此对言说:我俩组合本就错,此言一出更加错。经常有人说,此言差矣,这就是"訾"。

止　匕跟了止,"匕""止"成了"此",从此匕被止,浪子回头不算迟。

死　歹把匕藏在怀里是个死,说明歹匕一起迟早是死。把歹与匕捆在一起,上面一横盖住也是死。

歆(音新)　"音""欠"构成"歆",歆是羡慕、喜爱的意思。音虽欠,还是很歆羡。

衄　这个字一看就知道一半的意思,血都流了一半还在挑衄,叫"血""半"成"衄"。无端挑衄,多"半"要付出"血"的代价!

须　三撇加一"页"成"须"。江山市有一江叫须江,须江有一美女叫须女,须下面添一女是须女嬃(音须),这个嬃就是楚国人对姐姐的称呼。

讲　人的话跟井水一样,讲不完,这就是"言"与"井"构成的"讲"。

旭　日躺在九的怀里,日九(久)生情变成了"旭"。旭日东升是朝阳,日落西山是夕阳。

选　被选之人,应该是"走""先"的。

踅(音学)　听说骨折,现在足也折了。骨折不能组成一个字,"足""折"却可以组成"踅"字。踅是折回、旋转的意思。这群鸟飞向东去又踅回来落在树上。

鲟　到溪里寻鱼,还真寻到了一条"鲟"鱼。

巽(音逊)　"共"出了两个"巳",结果成了"巽"。巽是八卦之一,代表风。杭州有个六和塔,杜泽有个巽风塔。

衙　"吾"在"行"中间,成"衙"不成"仙"。这叫作进官衙之门,行官衙之事。

奄　电上面有个大,但不是电大。一前一后是电大,一上一卜却是"奄"。奄:一是指覆盖;二是指忽然、突然。大人触电奄奄一息,大家感到非常可惜。

陆　击耳(耳朵旁)传音,陆续听清。左耳有点背,击一下听音清脆。"击"字加个耳朵旁,"陆"字就在你身旁。击对耳说:自从有了你,我就不击了,安心在陆地生活了。

隘　"耳"如果只听对自己有"益"的话，不愿听逆耳之言，其心胸必然狭"隘"。

份与扮　"人""分"为"份"，"分""手"为"扮"，这两个字提示人们：不是什么东西都是按人分才有份的，也没有什么分内分外之分，更不要等到分手才去打扮自己，盼望着得回以前的一切。要想成为一分子，就必须分分秒秒用自己的双手去装扮世界，成为时代中的弄潮儿。

斧爷　"父"下面带"斤"是"斧"，斧是工具，是按斤论质的；带单耳朵是"爷"，爷是人，所以有耳朵。爷带着斧，造船要过湖。斧对爷说：同样上面是父，你带个耳朵就成了"爷"，我按斤计算却成了"斧"，不服啊！

翊翌　这两个字读音、音调相同，都是由"立"和"羽"组成的，但意义却不尽相同。翊是左右结构，立作为偏旁是指辅佐、帮助；翌是上下结构，立在下有着期盼的含义，是指明天、明年。翌日来翊戴，请你勿见怪。

郢（音影）　呈上右耳朵（右边是耳朵旁），带你去"郢"都（郢都是楚国的都城，今湖北省江陵县北纪南城）。

硬　石与木比，谁硬？那肯定是石更"硬"。也可以说，更硬的是石。

甬勇恿涌蛹踊俑痛　甬是宁波市的别称。用砖石砌成的路叫甬路。"甬"下面加"力"是勇士的"勇"，加"心"是怂恿的"恿"，加三点水是涌泉的"涌"，加"虫"是蚕蛹的"蛹"，加"足"是踊跃的"踊"，加个单人旁则是俑人的"俑"。甬一生病那就"痛"喽！

幽　山里藏着两个幺（音吆）妹，幽静又安闲，笑声比蜜甜。

佘畲　上面一个人，下面一个示，说明"人"一出"示"就成了"佘"，佘指的是姓。"佘"下面有田是佘田"畲"，畲指的是少数民族，叫畲族。

余　余是指剩下、多出来。"余"下面有田是"畲"字，畲是指用草木灰做肥料耕种,是有机畬肥。畬与余的区别在于:畬指的是姓,中间一竖不出头;余则是指有东西多出来,所以中间的竖就出头了。

誉　兴发一言,是"兴""言"得"誉"。

冤　秃宝盖下兔被压,你说冤不冤? 有冤气,却不发脾气。秃宝盖下一个兔,"冤"字本身就是错。

岳　这个"山丘"还真不是丘,是"岳"! 岳是指高大的山。丘原来是个兵,因为救人而失去双腿,进山后成了人们心中的岳,是丘山"岳"。我国有五大名山,即五岳:东岳泰山、西岳华山、南岳衡山、北岳恒山、中岳嵩山。五岳名山,心中圣山。

员陨郧　宝贝开口是成员,叫口贝"员",员是指姓或团体成员。"员"加个左耳朵是"陨",陨是指坠落的陨石;加个右耳朵也是"郧",郧是指地县名,湖北有一个县就叫郧县。员与耳最有缘,耳在左是坠落陨,耳在右是地名郧。

杂　九种木混在一起,那真叫一个杂,是九木"杂"。复杂的想简单,简单的想复杂,这就是大家想的辩证法。

皂　漂白了七次,用的是白七"皂"。不分青红皂白,枉为人才。白七皂白七皂,用完再去要。

曌(音照)　日月当空"曌",这个"曌"是武则天为自己造的字。

喆(音哲)　一个吉是吉,两个吉就不是吉了,而是"喆",这个喆字多用于人名。你姓吉,我姓喆,吉喆一起没口舌。

咫　远处不去走,只在尺中走,说明"咫"是指距离很近。有一句话叫作:远在天边,近在咫尺。只在尺里做文章,咫尺之远也孤单!

旨(音止)　日上一匕,旨在过溪。给你一杯旨酒,喝了心里无愁。有人说，在规定的时日达不到主旨要求，就会受到惩罚，故"旨"字由"匕"和"日"构成。

峙　左"山"右"寺"，"山""寺"对"峙"。峙：一是指县名，叫繁峙（在山西省）；二是指直立、耸立。两军对峙，各显才智。

寺　上面一个"土"，下面一个"寸"，说明寸土大的地方造了一个寺，叫寸土"寺"。寺：一是指古代官署名，如太常寺；二是指寺院。投奔少林寺，学点真本事。

性　"性"由"心""生"。性有本性、性质等多重含义，主要指"人性"。历代学者对人性善恶的问题有着许多不同的看法，或性善，或性恶，或性无善恶，或有性善有性不善等。

胃胄（音昼）　这两个字都是上下结构，"田""月"构成"胃"，"由""月"构成"胄"。胃是指人和某些动物的一个消化器官；胄则是指古代作战时戴的帽子，故帽子的顶上要露出一点，以示高大威武。区别这两个字就要记住：田月"胃"，吸收营养有滋味；由月"胄"，头上一戴神气露。

昼　"尺"下面有个"旦"，"尺""旦"组合成了"昼"。旦是指早晨，昼是指白天，说明早晨（旦）的太阳再升高一尺就是白天（昼）。尺旦一起真行，昼就马上来临。旦有多长尺知道，白天多长昼知道。

斫（音卓）　此石按斤卖，就要把它砍削成一块块，这就是石斤"斫"。斫是砍削的意思。斫轮老手（经验多），心中不愁。

企　企有两层含义：一是指踮着脚看，希望、盼望；二是指企业。我们还可以从另一角度理解这个字："止"字上面有"人"，是止步而望，即企盼、企望。然而"人"的欲望不可无限膨胀，应适可而"止"。只有止住人（自己）的欲望，企盼才有希望。

历　经历过厂里的力气活,才知有个厂力"历"。历:一是指经历;二是指经过了的;三是指遍、完全;四是指历法。历尽甘苦,营养补补。

厉　这厂子好大,是万人之厂,厉害吧?厉:一是指严格、切实;二是指严厉、严肃;三是指凶猛。知道万厂厉,管理很严厉!

幸　上面一个"土",下面一个"干",中间还有两点,那是"幸"来了。幸亏你来,帮我理财。土干中间添两点,"幸"字来了比蜜甜。

右石　"石"字撇出头,"右"字出风头。"石"字的撇不出头,"右"字上门没理由。右边飞来小石头,恰好打中小猪头。右对石说:不想出头,永远做石头!

恢　哪怕是失败的"心""灰",也会重燃希望的火焰!

王丢(音夭)　王不想当王,就往自己的头上加了一撇,"王"立马变成了"丢"。丢的性格可不好,它又乖僻又调皮,王后悔莫及。丢也在想,把自己头上的撇去掉就可以做王了,那自己就再也不调皮了。

峹(音奥)　"山"顶住了"天",天上一横都被顶斜了,从此,天成了夭,"山""夭"组合变成了"峹",峹指山间平地。

三川　横是"三",竖是"川",这就是三(山)川。

秤　"禾""平"是个"秤",秤是衡量轻重的器具。秤杆叫"权",秤砣叫"衡","权衡"一词就是这么来的。这个"秤"字告诉人们,用秤之时要心居中正、不可偏斜,知道了用秤之道才能懂得权衡之道。秤不仅仅可以用来称东西,它还可以称出人的良心和道德水准。百姓心中也有一杆和(禾)平秤,这杆秤能衡量正义与公平。

耋　慢慢变老叫老至,"老""至"构成"耋",耋是指七八十岁的年纪。这个字的读音很有意思:因为老人怕跌,故"耋"字的读音与"跌"相近,区别在于声调,趺是第一声,耋是第二声。人到耋年,虽老心甜。

督　上面有"叔",下面有"目",说明叔正用目盯着你。那么,叔目"督"的含义就出来了,即监督、监管、察看。有了叔目督,产品进首都。叔目连一体,督的就是你。叔目督叔目督,叔字有目才是督。

怂　本来"从心"是好事,但这个"从心"却是"怂"。怂是惊惧的意思。从对心说:我俩分开万事能从心,合起来却是一个怂。

妃　在宫中,女为己而艳,其意是"妃"。

奇　奇:一是指特殊的、稀罕、不常见;二是指惊异、引以为奇。可大不可小,这就"奇"了! 生活乐趣在于奇趣,没有奇趣自找乐趣。大可在一起,见了不稀"奇"。

胙(音作)　"月""卡"两个字可以成为一个"胙"字,这个胙可不是公交车的月卡,而是有机化合物的一类。"月""卡"组合是个"胙",此胙不是真的卡。

否　真正反对你的人,往往"不"表现在"口"上,而是隐藏在心里。

含　"今""口"不开,"含"的是什么? 原来是含羞。眼含泪,不想睡;口含糖,心里爽。今口一个含,有话直接讲。

井开　井:均分井田,先公后私。"井"已经成为形容中国思乡的一个文化意象。区别井与开较简单:井去掉头是个开,开一出头便是井。井是什么? 四面出头,中间一口,意味着四面八方都有水流经这个口,这就是井。为方便取水,井把上面的头去掉,井的口就开了。

弋(音议)戈(音歌)戋(音尖)　弋是指用带着绳子的箭来射鸟。"弋"加一撇就成了"戈",戈是古代的一种兵器,也指沙漠地区的戈壁滩。"戈"中间加一横便是"戋",戋是小或叠的意思。古代用戈和弋捕捉飞鸟和野兽,戋好备用。有弋有戈还有戋,区别就在横撇间。

夯　见字知义,一个"大",一个"力"肯定是"夯",叫大力"夯"。只有把地基夯实,房子才盖得扎实。有人问:比力大是什么字? 原来是个"夯"。夯者力大,大力为夯。

昊(音浩)　日在上,天在下是"昊"。"昊"字说明两点:一是从人的角度看,过日大如天。二是指日是太阳,天是天际,"日""天"组合是个"昊",昊字本身存奥妙。昊是指昊天,是广大的天。

皇　一个"白",一个"王"构成"皇"。白是指告白天下,王指的是王者,王者告白天下,皇产生了。王对皇说:当皇上有什么好处? 你看,头发都白了!

晃　一个"日",一个"光"组成"晃"。晃:一是指明亮;二是指闪耀;三是指形影很快地闪过。年年年,一晃晃了一百年。没有阳光心里慌,有了日光晃得慌。有人说,人生只有三晃:一晃长大了,两晃晃老了,三晃晃没了。

同司　这两个字的区别在于一竖,"同"去一竖就是"司","司"添一竖便成"同"。同对司说:老弟,添上一竖,我俩同路。

挣　左是"手",右是"争",意思是用自己的手辛勤劳动,才能"挣"到自己的收入。

泉　泉有山涧泉水、地下泉水等。为什么"白"与"水"构成"泉"呢? 因为白有着明亮、透彻、白天的含义,而水也是白的,故白水能成"泉"。山涧泉水自上而下流淌着,犹如一条舞动的白色飘带,美不胜收,所以用"白"和"水"构成"泉"是最恰当的。找到白水泉,定要记心怀。

杠　杠是木工做的,叫木工"杠"。有了木工杠,锻炼身体棒。工字头一露,杠就成了杜。

松　这木姓公,叫木公"松"。作为木公松,学习不放松,干事不放松,一切大小功,得益不放松。

惑　"或"是什么意思?《文言》曰:"或之者,疑之也。"古时,或与惑同义。或有心,就成惑。惑:一是指疑惑,不明白对与不对,如大惑不解;二是指使迷乱、迷惑人心。"或"字不带"心",单纯又开心。"或"字一有"心",让人起疑心。

记　一个"言"(言字旁),一个"己"是"记",其意是:言出有信,信而有果。牢记己言,机会连连,不记己言,人人都嫌。有人说,人家"记"着你,是因为你每次发"言"都敢讲自"己"的真话。

张　弓一拉长就是张,叫弓长"张"。夸张的人会虚张声势,实在的人会审时度势。长弓挂墙上,张字记心上。

气　天地万物皆从气开始,"气未见也"是无极,"气之初也"是太初,太初就是太极开始了。"气"没有具体的形状,永远处于运动变化之中。"气"的凝聚意味着事物的生成,"气"的消散意味着事物的消亡。"气"贯通于所有有形之物的内外。古书云:天地之气,暖则生,寒则杀。性气清冷者,受享亦凉薄,唯和气热心之人,其福也厚、其泽亦长。人最大的教养,就是和颜悦色、和气处世。人们经常讲的"气色"也是这个意思。

怕　"怕"字由"心"和"白"构成,因为内心一片空白才会怕。做了亏心事,怕字在心头;未做亏心事,胆量在心头。

笔　"笔"字是上下结构,上面竹子头,下面是"毛",说明笔是用竹纤维和细毛制作的。毛笔是传家之笔,毛笔字是传家之字。毛对竹说:没有你,我永远都是毛,根本成不了人人喜欢的笔。竹谦虚地说:毛笔毛笔,没毛哪有笔?你才是最重要的。

敝憋　"敝"字下面多个"心",憋得大家不开心。憋如无心,敝就放心。敝对憋说:多心是你自己憋出来的,怪谁呢?

疢(音衬)　病(病字旁)火一身是个"疢"字。生病还要发火,这是什么病?原来是热病。

掣　上面一个"制",下面一个"手"构成"掣",叫制手"掣"。风驰电掣般制止了他的手,避免了伤害事故的发生。一手制定,"掣"字高兴。

嗔(音琛)　"口""真"在一起叫口真交情深,组合是个"嗔"。嗔是生气,对人不满的意思。一口咬定这是错的,其实他是故意嗔着!

瞋(音琛)　"目""真"为"瞋",瞋是睁大眼睛瞪人的意思。用真目看真人、学真人、做真人,而不是对人瞋目叱之。

甜　甘草放到舌里,味道有点甜,叫舌甘"甜"。舌尖上的甘甜,嘴甜心更甜。

音　一个"立",一个"日"构成"音"。这个字告诉我们:只有自立,日子才会富裕,才会发出自己的最强音。

袅　"鸟"去掉一横换上"衣"就变成了另外一个"袅"。炊烟袅袅,小鸟飞跑。

黜(音触)　黜是降职或罢免的意思。黑进黑出,肯定退黜。

触　"角""虫"构成"触",说明有些虫是有角的,不要轻易去触摸。触:一是指抵、顶,如羝(音低)羊触藩;二是指碰、遇着,如触电、触景生情。处事不得法,一触即发。

磋　"石""差"构成"磋",磋是磋商、商量的意思。造房子石差,大家一磋商,只有把好石材关,才能确保质量关。有人说:石差也好,差石也好,"磋"是肯定的。

蹉　"足""差"才会有"蹉"，蹉是把时光白耽误过去的意思。有人说，迈不开足必将差人一等进而误了前程，白白浪费大好时光，这叫作岁月蹉跎，白发上头，无限忧愁。

撮　最大的愿望是想提个手，把你们两个撮合在一起，这样日子会过得更好一点。提手旁边有个"最"，撮在一起最般配。

毽　"毛""建"就是喜欢"毽"，一天不踢毽，就不叫毛建。毽是一种用脚踢的玩具，叫毽子。建在毛中，踢毽轻松。

歼　歹有一千，全部被歼，这就是"歹"与"千"构成的"歼"。

驾驭　"加""马"是"驾"，"又""马"是"驭"。"驾"是上下结构，"驭"是左右结构，说明这马纵向、横向都可以通达，这就是驾驭。船多难捕鱼，劣马难驾驭！

歌　哥欠什么？好像欠了一首"歌"，这可是哥欠歌、欠哥歌。欠对哥说：前世欠你的太多，这次在汉字组合中，我一定要与你搭配，为你唱歌，因为有歌哥不累。

觅　要像爪子一样去抓寻你想见的东西，这就是"觅"。"见"字上面爪字头，"觅"字定要记心头。

对　"又""寸"搭配永远都"对"，说明又进一寸就对了。又深情地对寸说：天底下只有我俩才能成对！今后不管做什么，我们都是对的。

肩　月代表人体的组织器官，从月发出的力是"肉之力也"。户与月组合成为"肩"，示意每个人都要挑起肩上的担子，只有肩负重任、不怕困难，家家户户才能幸福安康。月户成肩，担当在先。

血皿　一撇区别血与皿。"血"去一撇便是"皿"，这个"皿"是"器皿"的"皿"。"皿"加一撇成为"血"，说明这一撇象征着血液在类似器皿一样的结构中循环,这就是"皿"加一撇成为"血"的原因。

欣昕　欠一斤叫"欣",日还一斤也叫"昕",但此昕非彼欣,日斤"昕"是太阳将要出来时的昕;斤欠"欣"是快乐、喜欢的欣,欣欣向荣的欣。"斤""欠"成"欣"人喜欣,"日""斤"成"昕"日日昕。

袭　"龙""衣"构成"袭"。袭:一是指袭击;二是指照样做,如沿袭、世袭等;三是量词,指成套的衣服。

研　"石""开"为"研"。研:一是指细磨,如研药、研墨;二是指研究。石开研,研什么,研开石。

妍　妍是美丽的意思。女人花开,百花争妍,是女开"妍"。有人说:女人开心就是妍。

砍　石指石头,欠是短少、不够的意思,"石""欠"为"砍",说明石少而质量欠缺,故需再削砍。石欠一块,砍也不怪。

钻　金(金字旁)都被占了,是金占"钻"。钻营之人总想占他人之金,这是钻的私心。

申电　申想成为电,怎么去实现?只要申竖右弯钩,申就成了电。申成不了电的原因:因为电线是弯曲的,所以电的一竖是右弯钩。而申太过横直故成不了电,想申诉都没用。电对申说:人生不是像铁路那样越直越好,而是要像江河一般经过无数弯弯曲曲才成功流向大海。俗话说,会转弯天地宽,会应变能放电。

天大　天:可表示人的头顶或"上天",根源于古代中国天人合一的观念。天不小心,把上面一横弄丢了,只好叫大了。天丢了那一横,刚好落在大的头上,大就变天了。这可真是应了那句话:天大就在一横间。

队　"人"加耳朵就是"队"。一个人加个左耳朵就是队里的人,去掉左耳朵只剩一个人,这就是耳朵旁的力量。这个字有意思,它告诉人们:队是一个整体,人若入队就要遵守规矩,听从指挥,这就是"人""耳"为"队"的原因。

忽　勿是别或不要的意思。"勿"加"心"为"忽",其意有三个:一是粗心;二是忽然;三是单位名,如十忽为一丝。"勿"和"心"虽然在一起,但情绪还是忽高忽低、忽好忽坏。勿对忽说:老子说"天下之大作于细",也就是说,天下的大事必然从细微处做起。你倒好,给你一个心,不但不细心,反而更粗心。

躲　身后一个朵,构成"躲",说明躲是隐藏、避开的意思。身在朵中,见朵不见身,这就是身后躲。

铐　金钱是考验,镣铐总相连!

冢冢(音肿)　头上一点成为生人的家(因为生人住在地上,所以点在上面),下面一点成为死人冢(冢是指坟墓,所以点要在下面)。简单的一点似乎表明人世间生死的规律。

略　田是谁的?各人有份。怎么分法?需略计略计。说明略有以下含义:一是大致,简单,不详细;二是省去,简化;三是简要的叙述,如史略、要略;四是计谋,如方略、战略;五是抢、掠夺,如略地等。各田种好了,把略给省了,叫省略。

乡幺(音邀)　"乡"与"幺"的区别在于撇与点,"乡"是撇,"幺"是点,乡撇幺点。乡下有个幺妹,相邀(乡幺)一起开会。

软　欠别人一辆车,就硬气不起来了。软的含义:一是柔,柔和;二是懦弱;三是没有力气,如腿发软;四是质量差、不高明的,如工夫软。做事要硬,做人要软。意思是说,做事要敢于碰硬,干脆利落;做人则要有一颗柔软的心,要使爱满天下。

蚌　这里虫的种类很丰富,是虫丰"蚌"。其实蚌不是虫,而是生活在淡水里的一种贝壳类的软体动物,有的蚌可以产出珍珠。虫丰蚌你真棒,产出珍珠棒棒棒!

骠　一"马"一"票"是个"骠",这个骠有两种读音:读第一声的(音标),指的是一种叫黄骠马的马,这是一种黄毛夹杂着白点子的马;读第四声的(音票),是指骁勇和马快跑的样子。古代有个将军的名号叫骠骑。

怵(音触)　一个竖心旁,一个"术"构成"怵",说明这个怵表现出来的心情是恐惧、害怕。心术成怵,让人发怵。有人说,心术不正才会发怵。

骆驼　"马""各"为"骆","马""它"是"驼",这两个字叫骆驼。沙漠有骆驼,大家心不愁。

令　本义为命令,又可表"言辞",即"辞令","令"表现了中华语言之美的历史沉淀。有人说,"今"天努力一"点",明天才有资格指挥别人,"令"人刮目相看!也有人说,玩乐少一点,努力多一点,成功就会近一点;懒惰少一点,勤奋多一点,生活就会富一点;浪费时间少一点,珍惜时光多一点,人生就会精彩一点。每天努力一点点,就会"令"你到顶点。

安　宝盖头下面加一个"女"是"安"字,现在的安与古时的安在字形上是不一样的,但意义差不多。古时的安字是女人跪坐房子里面。为了让离家男人安心,女人们必须长守在家里,守住寂寞、守住贞节。如果大家去徽州,会发现那里贞节牌坊特别多,这一座座贞节牌坊的背后,不知道是多少女人无穷无尽的等待。这就是"安"字的造型与意义。"安"是中国人特有的哲学思想,对民是"平安",对国家是"安定"。

绩　一个绞丝旁,一个"责"是"绩",一看就知道这个字和纺织有关。绩

的本意就是织,现在有的方言里还保留这个说法,织出来的成品就是
"成绩"。

战　"占"是据有、用强力取得,"戈"是古代的一种兵器,"占"与"戈"组
合成为"战",说明不管怎么样,战的目的是占领、统治。

占　上面竖横,下面"口"是"占"字。这个占蛮有意思,如果竖横之间加
斜线连接成三角形,那么就是一面小旗,口象征着陆地,一面小旗插在口上,
这个地方就被占了,这就是占的意思。

参叁　为什么"参"下面是三撇?因为撇捺构成人字,而"参"字中又有
人的身影,也象征着人在走动,你参与什么就必须动起来,所以"参"下面有
三撇。叁是"三"字的大写,它不会动,所以叁下面有三横是对的。这就是
"参"与"叁"的区别。

龙头　"龙"是中华文明的象征,是中国传统文化的重要标志,也是中国
古代王权、皇权的象征。龙头这两个字起源于农耕仪式,人们希望借仪式把
龙从冬眠中唤醒,向它求雨,以便播种。今天,汉字中的龙仍然与一些灌溉
工具的名字有关,如自来水开关叫龙头等。这些称呼可能与它们和龙一样
有长长的身躯和张着大嘴的头有关,也可能与掌管大海的"龙王"有关。

始　始出哪里?始出女台。女人出台,始于精彩。神话中,女娲不仅是
世界的创造者,也是人类万物的始祖,"始"字构造,是古人对女娲筑台补天
的精神寄托与反映。

丙内　丙居天干的第三位,可以用作顺序的第三;也可以指火,如付丙
(烧掉)。内是指里面,也可以称妻子家的亲属为内兄、内侄。丙与内的区别
在于一横,从字形看,人在框里叫内。"内"字上面加了一横变成了丙,这样
框内的人就出不来了。丙很羡慕内:你总算出头了!我却还在寄人篱下,心

里难受得就像火烧!

粟(音素) 一个"米"一个"西"构成"粟",粟是指"小米"。饭菜飘香多吃素,"米""西"结合就是粟。

隹(音追) "住"字多一横便成了"隹",隹是指短尾巴的鸟。空房子里住了许多隹,大家不要赶也不要追。

协 要"办"成一件"十"分成功的大事(或数十人办事),必须靠大家齐心协力!

顶 这是一个很有阳刚之气的字。"丁"是指成年男子,"页"的本义是头,"丁"与"页"合成"顶"字,说明男人要成为家庭中的顶梁柱,也要成为创造社会财富的顶梁柱。在一切困难中,要有泰山压顶不弯腰的气概,用自己的头脑和智慧顶住再顶住,才能达到事业的顶峰。

信 一个单人旁,一个"言",看来不信也信,信也信了,因为"人""言"就是"信"。信有两义:信任和信用,其内容是诚实不欺。人无信则不立,信是理想社会存在的基础,也是人们联系的纽带。守信就要做到:一言既出,驷不及舌,怎么讲就应怎么做,不失信才能立信。

衎(音谆) "真""行"两个字也可以成为一个字,把"真"插在"行"中间就是"衎",衎是纯粹的意思。真还真行,把行分两边,自己在中间,衎字成新添。

坎 一"土"一"欠"是个"坎",说明这个地方欠土来填,所以变成了坎。坎:一是指低陷不平的地方;二是指八卦之一,代表水。道路坎坷,累得口渴。

尕(音生) 上面"乃",下面"小",叫乃小"尕"。因为乃小,所以尕也就是小的意思,如尕娃、尕李等。尕字上下分乃小,尕小尕小就是小。

常　　常字头想成为常，必须把吊藏在怀里。吊配常字头，常就无忧愁。吊若离开常字头，吊到哪里都发愁！吊对常字头说：以前，我到哪里，哪里的人调头就走。现在好了，有你在就可以常来常往了。

党　　常字头下面一个"兄"，那是"党"啊！党把我们当兄弟，日子过得很满意。

屺岂　　这两个字读音一样，意思却大相径庭。"山"作为偏旁与"己"搭配成为"屺"，说明"屺"是没有草木的山。"山"在上，"己"在下构成"岂"，说明"山"压在了"己"的头上，"己"肯定有意见，但也没办法，"岂"只能充当助词，表示反诘。看见一片山屺，真是岂有此理！

杉彬　　三撇撇在了木头上，此木成了"杉"；撇在了林身上，此林变成了"彬"。杉指的是常绿乔木；彬形容文雅。客人来参观，彬彬有礼介绍红豆杉。

咎昝　　这两个字的上半部分都是"处"，下半部分却不同，"处"下面带"口"是"咎"，带"日"是"昝"。咎：一是指过失、罪；二是指怪罪、处分；三是指凶。咎是事物的表象，它的另一面是人的德行和行为，也就是过程，所以有"咎由自取"一说。"咎"是由自己招来的。昝指的是姓。为方便记忆，这两个字就叫咎昝（救咱）。昝要偷取，咎由自取。

利　　"利"像是以刀割禾，又像手持农具收割的形状，收割庄稼即为收获、有利，引申为顺利，锋利等义。《易传》中说："利者，义之和也。"这句话告诉我们：只要尽职尽责做好每件事，"利"也就在其中了。"利"由"禾"与立刀旁构成，禾是谷类植物的统称，人们用刀将成熟的庄稼收割了，这些成熟的庄稼对人们的生活有利，这就是禾刀利的本意。禾刀利禾刀利，有禾有刀才有利。

庖（音咆）　庖是指庖厨（厨师），也有包办的意思。"庖"字里面有一个"包"，需要做事我来包。

哀衰　这两个字的区别在于"口"，"口"没有一横的是"哀"，因为哀不仅仅是悲痛和悼念，还有从口中表现出来的绝望之情，如哀叫、哀鸣、哀嚎、哀声等。"口"有一横的是"衰"，衰是指事物发展转向低潮，如衰老、衰弱等。人一衰老就悲哀，这叫作人衰心哀。

裔（音艺）　这是一个上下结构的字，上是"衣"，下是"冏"，"衣"指的是衣服或是包在物体外面的东西，如糖衣等；"冏"指的是光或明亮。"衣""冏"构成"裔"，其含义：一是指后裔，后代子孙；二是指边，边远的地方，如四裔。中华民族后裔，值得骄傲回忆。

裳　这个字由三部分组成：上是常字头，中是一个"口"，下是一个"衣"。可想而知，这个字与衣有关，它就是我们平时穿的衣裳的"裳"。"裳"字中间一个"口"，表示衣的口袋。过年穿上新衣裳，美味佳肴随你尝。

裴（音陪）　这个字下面有一个"衣"，其实跟衣无关，因为"衣"从属于"非"，是非衣"裴"。裴指的是姓。

愆（音谦）　这个字上部分是一个"衍"，衍是延长和多余的意思；下部分则是一个心。"衍"与"心"搭配，看似有心，实则无心，因为"心"在这个字中不表示含义。由此可见愆的意思：一是罪过，过失；二是错过，耽误过去，如愆期。愆字带心，不如无心，即使带心，愆难开心。

籴（音迪）粜（音眺）　这两个字都是上下结构，"籴"字上面是"入"，"粜"字上面是"出"，下面都是"米"。入是进来，出是出去，可想而知，入与米搭配成为"籴"字，说明把米或粮食买进来，这就叫籴米。出与米搭配成为"粜"字，说明把米或粮食卖出去，这就叫粜米。看似出入都是米，其实都是为了你。

羽　两习相遇，刚好是"羽"。羽：一是指羽毛，鸟的毛，如羽翼；二是指古代"宫、商、角、徵、羽"之一。有了羽毛球，锻炼不用愁。

赫　两个"赤"抵一"赫"，声势显赫。一个"赤"是"赤"，两个"赤"才是"赫"。赤对赫说：有我助力，你才显赫，否则还是一个赤。这就叫单赤没人喝，双赤才显赫！

唇　这个字分上下两部分，上面一个"辰"，下面一个"口"构成"唇"，叫辰口"唇"。辰：一是指地支的第五位；二是辰时，指上午七点到九点；三是指时日，如生辰、诞辰。四是指日、月、星的总称。唇是指嘴的红色部分，叫嘴唇。辰与口组合，说明人在辰时要用口吃饭了，这就构成了辰口"唇"。

躬　弓是弯曲的意思，一个"身"一个"弓"合成"躬"，是身弓"躬"。以字明义，身都弓起来了，所以躬是弯曲身体，表示躬身、躬行、躬耕的意思。处处躬行，做事可行。躬身之人，事事能忍。

辜　无"古"是"辛"，有"古"却成了"辜"。"辛"的头上顶着一个"古"，感到很无辜。古字带个辛，辜字难开心。

辫　绞丝旁一般与纺织有关，两个"辛"中间夹一个绞丝旁构成"辫"，说明这个字有绞或织的意思成分。辫：一是指把头发分股编成的带状物；二是指把一些细长条的东西扎得像辫子一样，如草帽辫儿、蒜辫子等。姑娘辫子长又长，心情舒畅人不烦。

甚　甚：一是指很、极，如进步甚快；二是指超过、胜过，如更有甚者；三是指"什么"，如要它做甚？"甚"字比较好记，只要在"其"下面添上竖折就是"甚"了。这叫"其"字下面添竖折，"甚"字坚挺不打折。

雩（音于）　雨感到亏了，就不下了，人们就想方设法求雨，这就叫雨亏

"雩"，雩是古代求雨的一种祭祀。战国时期，思想家荀子说："雩而雨，何也？无何也，犹不雩而雨也。"意思是说，求雨后就下了雨，这是什么缘故呢？其实没有什么缘故，这和不求雨而下雨是一样的。这种求雨的举动并不能真的求到雨，君王将其当作一种文饰，而百姓却认为当真有神。如果当作文饰看，会有好的效果，若认为当真有神，就会招致坏的结果了。荀子的思想对自然界的认识有独到的一面。

鲁　这个字属上下结构，但似乎有颠倒之意，一般"日"在上，"鱼"在下才是正常的结构，但造字之人有意把"鱼"放在上，"日"放在下，构成"鱼""日"之"鲁"。由于颠倒，"鲁"就不聪明了，它是愚钝、蠢笨的意思，也是山东省的别称。鲁中有鱼，是鲈鱼。

丙两　一横下面有一个同字框，框里住着一个人是"丙"，住着两个人是"两"。丙对两说：你家啥时多了一个人，结婚啦？

武　"武"本指军事，深深影响中国的"武文化"，诠释了中国人对武力、权势、力量拥有者的态度。当要动武的时候，要想到"武"字里有一个"止"，"止""戈"为武，止武是和谐社会的基础，把"武"里面的"止"记住，武就不会发生，武就无用武之地，止战要有真正的武功，不战而屈人之兵才是真正的武。

内肉　同字框里有一人是"内"，有两人则是"肉"，这就叫入内有肉。内问肉：你们俩的杂技是哪里学的？演得这么好肯定天天有肉吃！

孝　孝字最早出现在殷商时期的甲骨文上，"孝"由"老"（老字头）和"子"合成，"老"在上，"子"在下，是说上有呵护下的义务，下有赡养上的责任，父慈子孝，非常和睦。孝是中化民族的传统美德，生养之，死祭之，永怀之，被视为"仁之本"。百业勤为先，百事谦为先，百行德为先，百善孝为先。

纠　绞丝旁本身就有织的意思，把绞丝旁与倒过来的椅子合在一起，那肯定纠缠不清。椅子放得好好的，为什么要倒过来还要和绞丝旁绞在一起呢？说明这个"纠"有着牵连不清的争执。说到这里，纠字的意思也就不言而喻了。思路不清，才会纠缠不清；纠正缺点，才能积极向前。

适　这是一个形声字，声旁是"啻"，现在已经变了形。形旁是个"走"字。这个字本来的意思是"到……去"。为什么到什么地方去，会变成适应的意思呢？所谓树挪死，人挪活。适应，就是要不断地变通、流动，无论是怎样的环境都能适应，吃苦耐劳，正如严复有一句很经典的翻译："物竞天择，适者生存。"适就是更好地生存。有人说：走到哪里，其言也要随之而变，这就是"适"。

佞（音泞）　左边一个单立人，右边上部分是一个"二"，下部分是一个"女"，叫一"人"二"女"是个"佞"。古佞字有"多才"义，又有"巧"义。字典中对佞的解释：一是有才智；二是善辩，指有口才而不正派的人。这个字如果没有"女"就是个"仁"，带个"女"则是"佞"。二女带一人，带的是奸佞之人。

兜　这个字属上下结构，上部分把"口"字分两半，插进一个"白"字；下部分是一个"儿"，上下合起来，"兜"字走出来。一"口"分两边，"白"字在中间，"儿"字在底下，"兜"字现身边。吃不了兜着走，做不好兜圈走。兜字有意，兜揽生意。

义　荀子说，"人能群而有义"，从而区别于禽兽，"义"就是一种文化，杀身成仁，舍生取义。

彦　彦是指古代有才学、德行的人。"产"下三撇，彦不孤僻。

亵（音械）　亵：一是指轻慢，亲近而不庄重，如亵渎；二是指旧指贴身的衣服；三是指淫秽，如猥亵。现在我们来分析一下"亵"字的结构，为便于记住,把中间"执"字去掉,剩下的就是一个"衣"字。再把"衣"分成上下两部分,中间插进"执"就是"裹"字了。这叫作:一衣上下分,执字强行跟,衣遭执裹渎,大家都不服。

哀 哀是悲痛、悼念的意思。这个字蛮好记:没有"口"是"衣",有"口"便是"哀"。"口"把"衣"拆开,你说哀不哀!

衷 衷是指内心,如由衷之言、苦衷、衷心拥护等。一"衣"上下分,欢迎"中"进来,"中"在"衣"中间,"衷"在天地间。

裹 这个字是包、缠的意思。中间没有"果"就是"衣",有了"果"便成了"裹"。以字明义,衣包住了果,果缠住了衣,衣果终成裹,裹了还是裹。

褒 褒是赞扬、夸奖的意思。衣很聪明,敞开自己的胸怀(衣字上下分开),将保请了进来,衣保相互关怀,享受着"褒"那赞扬的风采。

袤(音貌) 袤是指南北距离的长度。把"矛"去掉,留下来的是上下两部分的"衣"。那么,"矛"插在"衣"中间表示什么呢?原来"矛"把"衣"撑开想看看"衣"有多长。

卵卯 卯:一是指地支的第四位;二是指卯时,是早晨五点到七点;三是指器物接榫的地方凹入的部分,如对卯眼、凿个卯儿等。卵是指动植物的雌性生殖细胞。这两个字的区别在于两点,卯的两个口里各有一点的是"卵",卵字去掉两点就是卯。这叫作:没有两点卯傻眼,有了两点卵开颜。

励(音迈) 励是努力的意思。"万"字加个"力",意思是说,千万千万要努力,要出万斤之力,励字才会有力。

劳 这个字从上到下由三部分组成,上是草字头,中是秃宝盖,下是一个"力"。秃宝盖表示房子,房子里面有一劳力,房顶上都是草,这三部分构成一个"劳"字。意思是说,劳力之人不能蹲在房子里,要到外面去除草、种田地,这就是劳。有劳才能创造财富,无劳幸福不会光顾。

婆 这个字的上部分为什么是"波"而不是"坡"呢?因为"波"代表水,"波"与"女"搭配构成"婆"是最恰当的,这就说明了女人是水做的。

苶 这个字由上面的草字头,中间的一个"人",下面的一个"小"构成,是疲倦、精神不振的意思。这叫作:人小顶个草(草字头),心情哪能好?样子苶呆呆,无心去出差。"苶"字的"小"加一横就变成了"木",那"苶"字就成了"茶"字。请记住:苶添一横就有茶,茶去一横便是苶。苶茶苶茶,关键一横查一查。

牢 牢:一是指养牲畜的圈;二是指监禁犯人的地方;三是指结实、坚固。宝盖下面牛做主,牛就安心无忧愁。意思是说,牛在牢固得像房子一样的圈子里是安心的,也是牢靠的。换句话说:宝盖下面牛坐牢,坐得不想往外跑。夏朝统治者把罪犯关在一座圆形高大的围墙里,称作"圜",这是当时的监狱。

呷(音瞎)呻(音申) 呷是小口地喝,如呷茶、呷一口酒等。呻是指病痛时发出的声音,如呻吟。这两个字的偏旁都是"口",区别在于左边的"甲"与"申","甲"不出头是因为呷是用嘴喝的。"甲"一出头变成"申"是因为呻是用嘴发声音的,记住这一点就行了。

断 左边竖折像半个容器,里面还藏着米,但半个容器明显藏不住米。右边一个"斤",说明米跟数量有关,那么到底有没有米呢?这个字清楚地告诉我们,一斤米都没有了,已经"断"米了。

崴 上面一个"山",下面一个"威","山""威"构成"崴"字。其实威最怕山了,山压在威的头上,威立马就崴了。崴一直都想不通:都说上面有靠山腰杆就硬,我把山搬到了头上,脚却崴了,真是得不偿失!

鹅　我与鸟在一起,我就不是我了,鸟也不是鸟了,而是变成"鹅"了。因为,我把鸟养大了,造字之人就把我和鸟编成"鹅"啦,记住了吗?

祟　这个字上部分是一个"出",下部分是"示",本来出示是公开的意思,但"出""示"组合成为"祟"字后,其义就反了。行动不光明是祟的本意,如鬼鬼祟祟、暗中作祟等,可见祟不是个好字眼。祟要改变形象,唯一的办法就是把自己分开,出示了才能得到认可。出对示说:分开是我俩唯一的出路,连在一起永远都是祟!

影　左边"日""京"构成"景",正因为景中有日,所以右边三撇象征着阳光斜照在景上,这样景就有"影"了。日斜三撇照着景,景就由此现身影。

习匀　"习"字头上来一撇,"习"就成了"匀";"匀"字头上去一撇,"习"就出来了。这叫作:一撇区别习与匀,农田需要勤耕耘。习问匀:头上挂了一撇难受吗?匀说:习以为常了。

慥(音造)　竖心旁与"造"合成"慥",说明这个字是有心的,忠厚诚实的样子是慥的光辉形象。只要有心造,造能成为慥。

赖懒　一个"束",一个"负"构成"赖",叫束负"赖"。赖是依赖、抵赖、诬赖、怪罪的意思。"赖"加个竖心旁就是"懒"了。懒是指怠惰、不喜欢做事。赖和懒都不是好字眼,因为它们都带有一个"负",而且负的是别人。赖的时间长了就会有赖的心,有了赖的心,赖就成了懒。这叫作:无心是赖,有心是懒;赖于习惯,懒于私心。

绑　"邦"交了个好友是绞丝旁,结果邦就不是邦了,而是被"绑"了。绑是捆、缚的意思。本来是友邦,来了绞丝旁,把我们都绑了。邦对绑说:叫你远离绞丝旁,你却不听,这下好了,被绑定了!

贼　贝想从戎,就把自己交给了戎,戎却把贝变成了贼,贝后悔万分,想不到"贝""戎"一起是个"贼"。戎得到了贝，同样成了贼。贝指着戎的鼻子说：后悔跟着你，把我变成了贼！戎也很生气地说：如果不是你，我能成为贼吗？

窑　这个字是上下结构，由两部分组成。上是一个"穴"，穴是指窟窿、洞。下是一个"缶"，缶是指瓦器。由此可见窑的含义：一是指烧砖瓦的地方；二是指煤窑、窑洞等。"穴""缶"组合是个窑，砖瓦装满整个窑。

窄空　先看一下乍的含义：一是指忽然，如乍冷乍热；二是指刚、起初，如初来乍到等。再来看穴，穴是指窟窿或者是洞。穴本来就小，乍一定要挤进去，穴就变窄了，是穴乍"窄"。穴对乍说：是你把我变窄了，如果是工，那就"空"多了。

耶　耳在听，听了怕不清，还把耳朵旁一起拉来听，这就是两个耳朵所构成的"耶"字。耶是疑问词，因为耳听不清才产生疑问，如是耶非耶。左边一个耳，右边耳朵旁，搭配一起耶很忙，疑问常在心中藏。两耳耶，是耶非耶？自己耶！

逭（音唤）　一个走之，一个"官"构成"逭"。一看这个字就会联想到追逃贪官，其实还真沾了那么一点边。逭是逃、避的意思。说白了，官都走了，是不是在逃避责任呢？只有逭自己知道。

返　走之旁边一个"反"，说明路走反了，赶紧"返"回。

顺须　页在想，如果左边是三竖那就顺了，如果来个三撇，那就须努力啦！可是对页来说，三竖三撇随时都有可能与它搭配。顺也好，须也好，都要有一颗平常之心，做到顺时不骄，须努力时不气馁。顺对须说：只因你走了斜道才会虚（须），要顺就必须走直道！

融　"融"的偏旁是"鬲"，鬲是指鼎一类的东西，右边是"虫"，"鬲""虫"

构成"融",叫鬲虫"融"。融:一是指固体受热变软或变为流体;二是指融合、调合;三是指流通,如货币发行、流通等经济活动叫金融。"虫"与"鬲"怎么会构成"融"字的呢?可能是虫跑到了鬲里面安家,过着融洽日子吧!工作融会贯通,事业才会成功。

书 这是个形声字,也是个蛮有意思的字,"书"字看似一本书:横折和横折钩象征着书页;一竖说明书已装好,是书脊;右上一点代表的是墨水或者是字,这就是书。书法是中国特有的艺术形式,"书"字的构形,形象地体现了中国书法艺术的久远起源。有人说,书是什么?书是人类经验的仓库。人类为了把经验保存起来,才创造字,才制作书写工具,才发明印刷术,于是世界上有了叫作"书"的东西。因"书"是人创造的,故有"书"即是人,人即是"书"之说。对此,诗人高法莱深有体会:"一个人好像一本书,人诞生,即为书的封面;其洗礼即为题赠;其啼笑即为序言;其童年即为卷首之论见;其生活即为内容;其罪恶即为印误;其忏悔即为书背之勘误表;有大本的书,有小本的书,有用牛皮纸印的,有用薄纸的,有内容值得一读的,有不值卒读者。可是最后的一页上,总有一个'全书完'的字样。"在人的诞生之前的受精成孕,就是书出版前之文人为之绞尽脑汁的草稿了。所以说,书即是人,人亦即是书。

殳(音阵) "歹"与"殳"(音书)构成"殳"。这个字一看就知道不是什么好字,歹指的是坏与恶;殳是指古代的一种兵器,用竹子做成,有棱无刃。歹与殳在一起,说明歹已被殳刺死,然后便有了"殳"是死的含义。

权权 权是指树枝的分岔,树干的分枝。权活得很伤心,而且伤心在点上,有谁把它心头上那个点去掉,"权"就以"权"相报。权变权、权变权,关键点在点。权对权说:权系为民所用,有权绝不多贪那么一点,否则早被叉

（权）了！

刊　立刀旁代表切纸的刀，"干"在工作，一看就知道这是个"刊"字，说明工人在排版印刷，准备刊物。立刀旁边连续干，刊物印刷有质量。带着立刀干，刊字记心上。

席　"广"下面是"廿"，"廿"下面是"巾"，三个字是"广廿巾"（广念经），如果这三个字组成一个字，猜猜这是什么字？广廿巾广廿巾，组合一起"席"开心。

样　看见木头做的羊，马上想起"木"和"羊"组合是个"样"字，因为木羊是做样品用的。那么，为什么"木"和"羊"组合是个样字，而不是牛或者其他动物呢？原来羊和样两个字虽声调不同，但读音是一样的，正因如此，由"木"和"羊"构成"样"字是最恰当的。

投　这个字除了提手旁还有一个"殳"，殳是指古代的一种兵器，用竹子做成，有棱无刃。殳有了，但需有人操作，于是便有了提手旁与"殳"构成的"投"。投的本意是抛、掷、扔，后引申为投资、投射、投明、投机、投河、投稿、投宿等多种含义。手握一个殳，投谁谁就输。

豆　一横一个"口"，两点再一横，"豆"就出来了。这个字可以自下而上去认识，最下面一横是放菜的托盘，两点表示豆，口表示吃，上面一横是保温的盖子，意思是等你回来吃豆。两横夹口还不够，再加两点才是豆。古时，"豆"是盛放咸菜、肉酱等的器皿，可谓是字如其器、一目了然，中间扁扁圆圆，下承柄和喇叭底座。

宿　宝盖代表房子，房子里面有一个"佰"（"佰"是"百"字的大写），为什么用大写的"佰"字呢？因为大写的"佰"分解出来是一个单人旁和一个"百"，单人旁代表人，百表示数量，作为一个住宿的地方，"宿"字由宝盖以及大写的佰构成是非常合适的。宝盖下面一个佰,宿在哪间听安排。

密　这个字有三层含义:一是事物和事物之间的距离短,跟稀、疏相反;二是关系近,感情好;三是不公开、保密。"密"字的宝盖下面有"必""山",这样的构字格式提示我们:必须要有山一样的精神,做好保密工作。

罘(音孚)罢置詈(音利)　这四个字是上下结构,上面都是"四",下面分别为"不去直言"。"罘"是指屋檐下防鸟的网,也指古代一种屏风;"罢"是停、免去、完了的意思;"置"是放,有设立、设备、购买的意思;"詈"是骂的意思。这四个字可以用一句话来表述:由于没有及时购置防鸟的网,不但被骂,而且还被免去了职务。

倒　把信送到了,人(单人旁)也倒了。古时,传递消息靠的是人力和马力,当到了目的地,人马都累倒了,这就是人到人倒的"倒"。

偿　一个单人旁和一个"尝"构成"偿",说明这个人什么都尝过了,如愿以偿了。

望　这是一个带有浓厚情感的古老汉字,古时一般体现家人出门在外,望其还也,后引申为拜访、名望、声誉等多种含义。这个字由上部分一个"亡",一个"月",下部分一个"王"构成。其意是:在家的妻子时刻挂念着丈夫,有的一等就是好几年,有的根本就等不到其丈夫回家的那一天,许多男人也许已经客死他乡了,但妻子还是每天在家门口张望(夏历每月十五日也是望的意思),企盼着夫君归来。"望眼欲穿"表达的就是这种纯朴的感情和情义。因等待的是一个未知数,故"望"字中便有了"亡"与"月"的构字部件。

坏　土不"坏",不要土肯定"坏"!

忤(音五)　无心还能做什么?看来忤然以及失意的样子是这个字的本意。

惛（音昏）　这个字一看就是糊涂的意思，"昏"在心里岂能不糊涂！

惦　店在心里，岂能不"惦"？ 没有小店，心里无惦；有了小店，惦着小店。

盲　从字形看，目是眼睛，"目""亡"构成"盲"，说明"目"已"亡"，眼睛看不见了。

眨　"目"怎么会和"乏"一起构成"眨"呢？ 先了解一下乏的含义：一是指缺少；二是指疲倦。目可能因为缺乏口头交流能力，所以用眨眼睛告知别人一些信息；目也有可能因为疲倦而眨眨眼以消除疲劳，这也许就是"目"与"乏"构成"眨"的原因吧。

朋　旧注说，"同门曰朋"的意思是同在一位老师门下学习的叫朋，也就是志同道合的人。同形同向，"月月"相伴，方能称得上真正的"朋"友。"朋友"的"朋"是两弯相映的明月，讲究肝胆相照、义字当先。

睡　眼皮都垂下来了，还是闭目睡吧。"目"与"垂"构成"睡"就是这么来的。

耸　耳朵上站着两人，这不是耸人听闻，而是真的，这个字就叫"耸"。耳上人人从，从耳是个耸。

钩　这不是一般的钩，而是用金（金字旁）做的钩，叫金勾"钩"。古代称"戈"为"钩兵"，钩的形状类似农器中的长镰。

窒　穴是指洞穴，至是到的意思。这个字告诉人们：无论是谁到了洞穴，都有可能"窒"息而死。

必　一撇穿心，成全了一个"必"字。这个字似乎在宣誓：不要说一撇穿心，就是万箭穿心也要抱着既定的目标前行！

盖　羊尾巴没了，到哪里去了呢？ 原来羊累了，一屁股坐在器皿上，尾巴被"盖"住了。

吼　"孔"字有"口"便是"吼"。鼻孔连着口,生气一起吼。

解　这个字左偏旁是"角",右边上部分是"刀",下部分是"牛",这就叫作:牛角需牛刀解。

房　这个字蛮有意思,也很形象。一般来说,家家户户住的屋子基本上是长方形的,所以"户"下面一个"方"就是我们住的"房"。

半　做事做一半,肯定是末位之人。为什么? 因为"半"字倒过来就是"末"。

吻　请"勿"只用"口",还要用真心!

骗　一旦被人看穿,"马"上就会被人看"扁"。

福　甲骨文中的"福"字是以酒祭神以求降福,后引申为神灵所降赐的"福气"。儒家有一句经典名言:"福者,备也,备者,百顺之名也。"这是对"福"的最好诠释。福从示字旁,示字,二为古上字,指上天;下为天上日月星三光。示,意为指示、暗示、预示。吃亏,表示吃亏是福。仔细想一想不无道理,多少人一心想着沾光,可到最后又有几人真正沾了光,而抱着吃亏的心态的人又有几人是真的吃亏? 自古以来,懂得吃亏的人总是比沾光的人易获得幸福。

容　房屋和山谷都有虚空的意思,后引申出宽谷、从容、容许等意思。"容"字还有另一层解释:"宝盖"象征着房子,"谷"代表所有的实物类,房子不但可以住人,还可以像容器一样存放如"谷"一类的实物。有人说,在一个屋檐下,能容愚笨、浅薄、小气、不孝、杂驳、相背、诬陷、有仇等这八口人,才是胸怀宽大之人。宝盖下面有八口,"容"字定要记心头。

贫　"分"与"贝"构成"贫",说明财物都被分光了,没有了财物,意味着物质上的匮乏,这就是"贫"。

财　　宝贝的"贝"加上一个聪明才智的"才",意思是用宝贵的自然资源,让有能力的人才用这些资源来造福人类,就是"财"。君子爱财,取之有道,"财"与"贪"的对弈,一直穿插在历史进程中。

佚(音逸)　　一旦"人"格丧"失",就无立身之地!

敏　　每天善于学习和思考,博览天下文章的人,才能有敏捷的头脑。

失　　"失"字原来是"夫",想多得一点,反而"失"掉更多!

伴　　这个"人"是你的另一"半",组合一起才是"伴"。

味　　"未"到"口"的东西,更诱人胃口!

政　　从"政"之人,不但要有"文"化,更要"正"派才行。

钱　　明朝郑暄有言:金旁着戈,直杀人之物。君子爱财,取之有道;如若无道,迟早会被"戈"所杀!

悦　　"心"愿若能"兑"现,乃喜"悦"之真义。

忌　　"心"上只有"己"人,怎能不为他人所"忌"?

品　　字从三口,三口表示众口。所谓人品,指的是一个人要经得起众口的议论。

态　　"心""大"一点,心"态"好了,方能宁静致远。

挫　　想事事"坐"等到"手"的人,必定事事不顺!

办　　要想"办"成大事,必须花费力气,必要时还得付出"一点"辛勤的汗水和"一点"辛酸的眼泪。

裕　　有"衣"穿,有"谷"吃,生活就算富"裕"。

提　　是你一手(提手旁)"提"拔的。

翔　　原来羊的梦想是插上翅膀飞翔。

真　传统哲学不在乎事物的真假,而注重研究人际关系。应该说,正"直"是它的立足"点"。

怀　"怀"念是因为处事公道,"心""不"为己。

升开　升很有感触地对开说:思路超前,眼睛往上,才有"升"的希望!

距　俗话说:千里之行,始于足下。一个"足"不出户的人,与他人的差"距"肯定是"巨"大的!

舍　"人"只要"有"口饭吃就会"舍"得"干"!

课　课:"言"之有"果"。此外,还可以从他人"言"教中,收获智慧之果。

喜　这是一个好字眼。从字形看,自上而下分别为"士""口""草字头""口"四部分,也可以看作"吉""草字头""口"三部分。士:春秋以前,士是武士,春秋以后的士是文士,逐步成为知识分子的统称。草字头:象征着大自然的万物,也寓意着人类像"草"一样生机勃勃、代代繁衍。两个口:一个口与士搭配成为"吉";一个口意味着有口福。这两个口还有一层寓意,那就是两口子成家后怀孕了,就叫有"喜"了。"吉"也是个好字眼,有吉人吉相之意,也有安康、吉祥、美好之意。喜中有吉,吉在喜中是"喜"字的应有之义。每逢喜事,人们总是把两个"喜"合在一起使用,称之为"喜上加喜"或"双喜临门",一时喜气洋洋,热闹非凡。

禽　危难之中"人"若"离"去,"禽"兽不如! 加个提手旁,便手到"擒"来。

职　"耳""只"听百姓的,是"职"责所在。

被　用"皮"做"衣",也可以作为"被"。

斤　买卖以斤两为计,卖方为了让利于买方,秤杆子往往会上翘一点,以示优惠,这就是"斤"字上面是平撇的原因。

廿甘　廿对甘说:在我的肚子里加一横,一间房就变成两间房了!

隐　急在心里那是真急,"急"在"耳"边那就是"隐"患!

悬　一个"县"放不下,怎么办?"心"只好"悬"着!

随　要想"有"作为,就必须"耳"听八方,"走"在前列,不光腿行,还需耳灵,这样才能紧"随"形势,把握时代的脉搏,做出一番事业。

懈　"心"事"解"决了,人也松"懈"了。

播　要想田里有植物采,必须有勤劳的手,这就是"播"。

配　"酉"和"己"构成"配"。酉:一是指地支的第十位;二是指下午五点到七点。因为酉时刚好与人们的晚饭时间相吻合,所以"己"与"酉"合在一起成为"配"字,其意是这个时间的用餐与己很相配。也有人说,酉时遇知己,有缘在一起,这就是"配"。

迹　"亦"走了,但留下了足"迹"。

灾　宝盖是房子,房子里面着了火,这是一场"灾"难。

贴　只有"贴"近,才有机会"占"其"贝"(财物)。

一　最小的数字,但又是最大的,意味着"一切",象征中华民族的统一、稳定与持久。

山　地面形成的高耸的部分为山。山作为有脊梁的阳刚的代表,也象征男子。

耕　"耒""井"为"耕"。古代把犁上的木把称为"耒",耕地用的农具称"耒耜"。耕地是人类社会进步的一个标志,是农业文明出现的重要讯号。

禾　最初指北方的粟,禾穗垂而向根,被古人赞誉具有君子不忘本、谦虚感恩的美德。

休　原意指人靠大树休息,后引申出休假、停止、喜乐、美好等意思。

田　经过人工开发,用于农业耕种的土地,是人类一直关注的焦点。

丰　原意是树木和下方的土堆,后引申为草木茂盛,指人的容貌丰润、体态丰满。

盟　"日、月"在天上,"皿"在地上,天上地上联合起来就是"盟"。"盟"不仅仅是缔约、联合,还隐喻天人合一。

乐　甲骨文中"乐"的形状是一把类似二胡的乐器。因音乐能带来快乐,所以后来用于表达快乐。"乐"字中隐含着一个"小"字,其意是小孩的乐才是真的乐。

儒　属象形字,本义是沐浴濡身,指那些以为人相礼、祭祖祀神为本职的人。因相礼前他们必须沐浴斋戒,故称之为"儒"。《礼记·儒行》说:"儒有澡身而浴德。""澡身"就是沐浴,"浴德"就是斋戒。春秋的孔子创立儒家学派,后汉武帝"罢黜百家,独尊儒术",儒家成为中国封建社会的正统思想。

戒　在卜辞中像人手持戈之形,本意有两种:一是持戈而警戒;二是持戈而舞蹈,故教戒兼指习舞与习乐。"国之大事,在祀与戎",习武是为了征战,习乐是为了祭祀鬼神,两者都反映了统治者的根本需要。"戒石"是古代中国雕刻警戒官吏铭文的石碑,凡事引以为"戒",形成一种中华美德。

农　"国以民为本,民以食为天",中国自古以农立国,把发展农业放在首位。

本　"本"是根本,国以农为本,被视为不二法门,否则便是"舍本逐末"本末倒置。

元　在甲骨文中是指人的"头",有开始、第一之意。也就是说,最初部分称之为"元",以元为首,奋勇争先,自古便是中国人品质中的一部分。有人说,"元"字上面一个"二",二表示天地,天地初开,万物之始;下面一个

"人"，人乃万物之灵长，万物的代表，是指"天、地、人"三才，当天地初开时，万物也创生了，这种情景就是"元"。天象征着圆，这也是天圆之意，"元"的读音也许从这里来。

东　在五行中，东为本、为春、为生，意喻日出东方。

北　阴阳家以玄武表北方，中国人以北为上，有尊北的意思。

社稷　社为土地之神，稷为五谷之神，君主祭祀社稷，社稷也因此成为国家的象征。

九　古人贯以"三、九"代表多次。在中国文化中，"九"是"天地之圣数"。"九""久"谐音，象征永恒、喜庆。

鼎　作为一种重要的宗庙礼器，鼎是国家政权的象征，具有庄重威严感。

瓷　"次""瓦"为"瓷"。中国为瓷器之国，"瓷"作为古代中国向世界输出的重要商品，是中国的代名词。

帝　帝系是中国历史之始，也是古代统治秩序的体现。

兵　兵对中国文化的重要意义体现在作战的策略和方法上，中国兵法是世界公认的中国智慧。

车　据说车起源于黄帝时期，先秦以来，我国形成了丰富多彩的车文化。

凤　凤是古代神话传说中最有权威的神鸟之一，中国传统文化中存在大量的"龙凤文化"。

玉　玉是天地孕育之精华，常被作为礼天的主礼器，以玉比德是中国特有的观念。

礼　礼泛指社会的典章制度和道德规范，也指人们的道德规范，即个人的礼。无论人多人少,无论官大官小都一视同仁,不予怠慢。持之以敬,临之以庄,无形无声之际,常常有凛然不可侵犯的正气,这就是礼。礼起中和作用,说大一点就是维护和平,这就是礼的思想。事物之间会有矛盾,需要靠礼来中和这个矛盾,调整这个偏差。假如没有礼,社会就没有秩序。礼乐文化在中国占有重要的位置,是几千年来待人接物的准则和教育子女的良方。繁体字的"禮"本身就是礼的象征。"礻"是"示"的左偏旁变形,"示"的意思是把事物拿出来或指出来使别人知道。右边的"豊"分上下两部分,上是一个"曲",下是一个"豆","曲""豆"构成"豊"。从"禮"字的结构中可以知道:"禮"到之处都有乐曲和实物(豆泛指实物)款待(示),这就是"礼"。有人说,"礼"字的美,美到惊心,自带光芒,自带古意。"礼"的繁体为"禮",那"示"旁就像大司命甩动的水袖,临风而立,加上右边的"豊",就更加会意了,像一位长者,目光炯炯,威仪棣棣。

伦　"伦"有次序、辈之意,古代政治文明中的礼制,便是以次序为物证。

敬　中国人自古对自然、对人保有尊崇、尊敬的心态。做事时要严肃恭敬,把事情做好。

祭　祭祀是自古就有的活动,是不忘本的朴素思想与追求人与自然和谐关系的反映。

祀　甲骨文中,"祀"的本义为求子之祀,显示了中华民族对繁衍后代、教育子女的重视程度。

祖　商代甲骨文中就有对商族祖先隆重祭祀的记载,显示了中国人对祖先、神的崇拜。

宗　在甲骨文中,"宗"字上部为"冖",是屋宇的象征,下部为"示",为神主牌位的象征,神主牌所置之屋宇即为宗,祖与宗共同构成中国古代社会祭祀文化的核心。

楚　林中一疋（疋同匹），楚楚动人。"石""出"是个"础"，"林""疋"也是"楚"，读书打基础，脑子要清楚。

神　在古代中国，神、人、物并指三种生命形态。

仙　中国古人把神仙的生活作为最理想、惬意的追求，相信可通过积善、修炼得道成仙。"仙"字的构造是"人"加"山"，"俗"字的构造是"人"加"谷"。在山峰的是仙，站得高看得远，胸襟开阔；在山谷的是俗，因为高度不够看到的都是问题，格局太小纠结的都是鸡毛蒜皮的事情。

善　善即良，是人性的本色，是知行的原点。上善若水，止于至善。中国传统文化历来追求一个"善"字：为人处世，强调心存善意、向善之美；与人交往，讲究与人为善、乐善好施；对己要求，主张独善其身、善心常驻。有一位名人说过：对众人而言，唯一的权力是法律；对个人而言，唯一的权力是善良。

名　老子说："无名，天地之始；有名，万物之母。"人类的文明史就是从给万物起名开始的。名位代表着一个人的社会地位，往往成为一个人人生价值的评价标准。"名"是一个人唯一能留在世上的东西，它反映着中国读书人的人格心理。

册　古代将编好的竹简称为册，后演变成动词，拥有了庄重的意味，如名人所做之事多被载入史册。

贪　在当今社会里，贪就如同附着在文化上的斑斑锈迹。

羞　"羞"字从最初敬献于神的珍馐，谨呈于帝王贵族的美味，变成了表现内心羞惭、羞涩的情感。

勺勻旬句包匈　这是个象形字，"包字头"象征着舀取东西的器具，中间的"点"表示食物。该字有两种含义:一是指有柄的可以舀取东西的器具;二是指容量单位,一升的百分之一。勺有许多亲兄弟:包一点是勺,包两点是匀,包日则是旬,包口来一句,包巳还是包,包凶便是匈。

粮　民以食为天,粮食收成不仅牵系千家万户的生存,也关系着社会的稳定、国家的安危。

医　"持中守一而医百病","中医"真实地反映了中国医学造福百姓、慈惠无穷的智慧与思想。

民　"民为贵,社稷次之,君为轻",民决定了整个社会的发展方向。

堂　"堂"是同祖的旁系亲属关系,堂屋表现了传统人伦关系与传统建筑格局的奇妙融合。

院　"院"是本无言的书,因为它,传统中国大家庭的形式得以延续数千年。

年　最初的"年"指五谷成熟。后成为最大、最重要的时间节点,是又一个轮回的开始。

食　古文字中,"食"像器皿盛着食物。我们可以这样想象:"人"下面一个"良"是"食",是人良"食"。说明人是良好和善的,做人做事从不"食"言。

伪　"人为"的另一方面就是这两个字的集合体——伪。

垚　这个汉字古代同"尧",意为山高的样子,在金、木、水、火、土这五行之中,每个字摆成"品"形结构,都能派生出另一个新字。垚字不常见,多用于人名。虽然是一副土头土脸的模样,但是核心是巍然耸立,直插云霄。

秘　一言不发,禾(何)必呢?原来禾(何)必就是"秘"。

浙江　倘若无水,浙江的"浙"就"折"了,"江"也没了,所以说,"水"是浙江的命脉。

忐忑　上下不一心，忐忑不安！

俞　"人"字下面有一"则"，叫人则"俞"。"俞"已经有"人"，再来"人"（单人旁）那就是"偷"。

役　"殳"是指古代的一种兵器，用竹子做成，有棱无刃。这个字告诉我们：人人都有武器就是"役"。人要服役，就有武器。

握　靠自己的手才能把屋（屋泛指房屋、财产、机遇等）"握"在手中！

寿　"寿"字最早出现于周代青铜器物铭文中，与"寿"字意义相近的字有"眷、孝、考"等。对寿的渴求，是中国人重视世俗生活，寄希望于现世的精神反映。这个"寿"字的构成也很有意思，"三横"寓意着人的昨天、今天和明天，"撇"象征着人的筋脉。意思是说，人要长寿必须努力把筋拉长，哪怕拉到寸之长也是益寿的，这就是寿字为什么有撇有寸的原因。古医说：筋长一寸，寿延十年。这话是有道理的。

坐座　两人在土上是"坐"，也可以说两人坐在土上聊天，这里的土是指坐的广义词，坐在石头上，坐在木头上，坐在地上等都是坐。"广"下一"坐"构成"座"，说明广阔大地到处都有坐的地方，砍柴累了可以坐在石头上，走路累了可以坐在地上等。说到这里，大家对"坐"与"座"的正确使用就明了了："座"是指座位，是能够提供你"坐"的地方，而且这个地方很多，所以才有"广"与"坐"构成的"座"；"坐"则是指有座位时你坐下的坐。

虑　老虎头（虎字头）有心而来，不考虑不行啊！虎头有心，虑字记心！

瘫　难在病里，此病会"瘫"。

誊　誊是转录、抄写的意思。卷字头下言不尽，是否重"誊"你决定。

啼　帝王哭只有一个口，那叫"啼"，是自己啼自己。百姓哭有两个口，哭的是天下苍生。

惕　惕是小心谨慎的意思。心若易走,惕在心头!

情　什么都可以老去,唯有相爱的心,永远常青。因为,青源于心,爱源于情。

伶　用令行事的人,往往是孤苦伶仃之人。

帘　穴是指窟窿、洞,如洞穴、墓穴等。巾是指覆盖东西用的纺织品,如手巾、头巾等。人住在洞穴的时候,为挡住洞口的风雨,把类似巾一样的手工织品挂在洞口,这就是"穴"与"巾"合成的"帘",后泛指门帘、窗帘、挂帘等。穴与巾合成帘,挂洞口防风险。

谙　你的音容、你的言行都是那么熟悉,这就是"谙"。谙是熟悉的意思,用法如谙达、谙练、深谙等。言音一体,深深谙你。

忏　用壹次心是"懿",懿是美、好的意思。用千次心是"忏",忏是请人宽恕,忏悔的意思。这两个字告诉人们,凡事须一心一意才会有好的结果,如懿之美;多心、三心二意只能是忏悔,乞求宽恕。

怅　心里长长的一串事,让人怅然,难以开心。有道是:"忄"(竖心旁)"兑"为"悦","忄"(竖心旁)"长"为"怅"。也就是说,心事都兑现了,就会带来喜悦之情。反之,长长的一串心事解决不了就会愁怅、担心、不愉快。

忖　用寸心去忖度、思量,那是"忖"。

咄　口中不断地出言不逊,自然显得"咄咄"逼人。

秒　从"禾"与"少"这两个字看,"禾"是谷类植物的统称,"少"是数量小、缺、不够的意思。由于战祸天灾等原因,禾已非常少,人们食不果腹,分分秒秒都有人饿死。"白骨露于野,千里无鸡鸣",曹操的《蒿里行》里,满目的白骨与空寂;"井灶有遗处,桑竹残朽株",陶渊明的《归田园居》,尽是悲天悯人的沉吟。人们无时无刻不在感受命途多舛和人生无常。

难　偏旁"又"是指重复、连续；隹是指短尾巴的鸟。"又"与"隹"构成"难"，说明又一只隹遇难了，也泛指困难和灾难是经常发生的。

脑　这个字很有意思，它由月、文、凶字框三部分构成。"月"代表着人体的组织器官；"文"是指因事物错综复杂所成的纹理或形象，如天文、地文、水文等，也象征着人的脑子；"凶字框"是保护脑子的壳。从"脑"字的结构看，人是文明之人，人类社会是文明社会，并与大自然融为一体、和谐发展，这就是"脑"字给人们的启示！

慧　慧字告诉我们：双丰收来自寻常之心。要从"寻"中去思考丰，从"心"中去感悟丰，这才是明慧之人。

偏　把人看扁，是你没有正眼看人，偏见是自己造成的。

指　有人一旦手持旨谕，便指手划脚，令行他人。

您　有人常把你放在心上，"您"就是受人尊敬的人。

址　"止""土"为"址"，见到合适的一方土地之后便止步而居。

悔　每每用心去悔悟，就会达到无悔之境界。

羊　据考古发现，人类很早就开始驯养羊了。"羊"与"祥"阳部叠韵，喻邪邻纽。"祥"义为福。以祥训羊是典型而纯粹的声训，说明羊是一种象征吉祥的动物。古文"祥"字由"示"和"羊"组合而成。"示"即上古"神祇"。因此"祥"表示古人将"羊"视作神灵"图腾"加以崇拜。从古文"羊"（祥）字中我们可以发现，"羊"本身就被古人视为吉祥的灵物。古代中国曾经存在过一种以善、義（义）、美、祥、样（均以羊为标志）为特质的"羊文化"。正是这种审美评价和目的论的儒家思想和审美原则，才使中国历代文人、士大夫在精神层面上秉持"齐家治国平天下"的终极理念，在实践理性层面上，知行合一，身体力行，演绎着生命的牧歌。

义　古代汉语"舍生取义"的义的繁体字"義"由"羊"和"我"会意而成。《说文》："義,从我从羊""善与義同义""美与善同义"。善、义、美是古代中国道德哲学或伦理美学中一组不可分割的重要范畴。它们的共同点是均以"羊"为内核,积淀着原始"巫文化"的德性精神。"義"中之"羊"是牺牲"替罪羊"的符号;"我"是"巫王"与"杀伐"重叠的隐喻符号。卜辞中我、戉、巫相通。陈梦家认为"戉"即"巫"字,戉、巫古音相同,故互相通假。"義"中之"羊我"实际上是"替罪羊"之巫"自我牺牲"及其被杀伐的原始野蛮文化隐喻符号。这里的"我"不仅具有"牺牲"意义,而且含有"替罪羊"之巫被"杀伐"的隐意。巫之"自我牺牲"(献身)或被"杀伐"是各民族普遍存在的历史传统。汉语"自我牺牲"中的"我"不是第一人称代词的同语反复,而是"杀";"自我牺牲"中的"自我"就是"自杀"。"牺牲"作为名词解释为"祭品";作为动词则为"献身"。巫以自己生命所开拓的这一传统,意味着为了人类与意义牺牲自己而义无反顾地走向祭坛——"自杀献身"而成为"祭品",这已不是动物群体无意识(本能)牺牲个体的自然现象,而是成为一种文化现象。那些为了公众普遍利益,特别是为了某种信念而以生命殉道的牺牲者,具有更高的形上意义。"自我牺牲"的精神犹如孟子所谓的"舍生取义"。《孟子·告子上》："生,亦我所欲也;义,亦我所欲也。两者不可得兼,舍生而取义者也。"其中的"义"与"生"是一对"不可得兼"的原始"对等的关系"范畴,表示生死之"死"——"取义"就是"取死";"取死"就是"牺牲";"牺牲"就是"献身"。儒家的"仁"与"义"是一对对立统一的范畴。《易·说卦》："立天之道曰阴与阳;立地之道曰柔与刚;立人之道曰仁与义。"《汉书·艺文志》："仁与义、敬与和,相反而皆相成也。""仁"依附于"粗暴和野蛮"的"杀身"之"义"而至。南宋文天祥英勇就义前于衣带中写道:"孔曰成仁,孟曰取义。唯取义尽,所以仁至。"《说文》所谓"义,己之威义也"中的"威义"不只是一般意义的仪礼形式,而是充满主体英雄本色的悲壮崇高气魄,并成为"美"的象征。

蝉　孤单的一只虫,原来是"蝉"(民间俗称"知了龟""神仙龟")。我国最早的蝉文化发现于新石器时代晚期,出土的都是玉器制品。古人认为蝉具有"文、清、廉、俭、信"五德之意。蝉在诗人眼里的形象是高洁、清贫、悲凉的。晋朝郭璞《蝉赞》云:"虫之清洁,可贵惟蝉,潜蜕弃秽,饮露恒鲜。"是说蝉有出污秽而不染,吸晨露而洁净的天性。蝉高标独处,鸣声悠远,宿不居巢,唯露是餐,又显示了它"清高""廉洁"的特性,古人常将它喻作高尚人格的化身。蝉本无知,蝉鸣原本亦不关愁苦,然而许多诗人却闻蝉而愁,为蝉而苦,这都只不过是诗人各自的内心情感的流露和借物抒情而已。

蟋蟀　一个"熟悉"的"悉",一个"率领"的"率",这两个字各加偏旁"虫",构成"蟋蟀"。蟋蟀这两个字的读音、声调与"悉率"完全相同。甲骨文"夏"字形如蝉,"秋"字形如蟋蟀。蟋蟀是乡愁的化身,它在每一个游子的窗前和床下歌唱,唱得人潸然泪下,许多诗人借蟋蟀这一意象抒发孤独、失意、思乡、怀人等情感,营造出一种哀怨凄凉的中国文人特有的艺术境界。

宠　宝盖头下面一条"龙",这个字就叫"宠"。龙是中华文明的象征,是中国传统文化的重要标志,也是老百姓心中的吉祥动物。正因为崇拜龙,喜欢龙,故有"望子成龙"的成语。把孩子当作龙一样来宠是古今百姓家庭对子女的一种最深的爱!

艺　"艺"由草字头和"乙"构成(乙是锄草种植的劳动工具),其原始义是"种植",引申义则是"才能""技巧""技艺"等。艺是中国人的精神家园,是永恒的梦。

打仗　丁的含义之一是成年的男子,加个提手旁便是"打"。丈的含义之一是指成年男子,加个单人旁便是仗。分析这两个字可以看出,打仗是男人的事,让女人远离打仗、远离战争是有道理的。

安宁 宝盖头表示房子和家庭,丁是指男人。这个字提示人们:安宁的基础是有女有丁。

脍炙 春秋战国时期饮食资源日渐丰富,脍与炙是当时相当时尚的美味。"脍"指的是鲤鱼切成薄片,蘸着调味料吃。"炙"是古人对烧烤的统称,具体分为三种:直接把食物放在炭灰里焐为"燔";用器物把食物串起来架在火上烤为"炙";用泥巴或泥巴拌苇草把食物包起来烤为"砲"。"脍炙人口"这个成语,就是这样带着香喷喷的气息穿越千年来到我们身边的。

瞧 你那焦急的样子我已经目睹,这就是"瞧"。

孙 "子""小"为"孙"(古时孙同逊),从字面看,是指比"子"还要"小"一辈的人。那么,儿子的儿子就是孙子了。子孙子孙,"子"生的孩子就是"孙"。如果"子"生的是男孩叫"孙子",生的是女孩就叫"孙女",他们都属于孙辈。"子"是中国古代对有地位、有学问男子的尊称,有时也泛称男子。

京 京之城很大,京字头口小,这就叫:点横口小能成京,京字构造耳目新。

守 宝盖头下面加一个"寸"是个"守"字,其意是家里的寸金寸土都要守住。思想一保守,啥都放不开手。宝盖头对寸说:有你在,从不失守。你不在,宝盖头也忧愁!有人说,"宝盖头"之下"寸"大的地方也不能失去,这就叫"守"。

幅 幅:一是指幅面;二是指边缘;三是指量词,如一幅画等。一口田边有个巾,宽窄适中"幅"开心。用巾覆盖(丈量)一口田,"幅"面大小在眼前。

丝咝 "绞"本身带有纺织之意,两个绞丝旁连在一起那就是"丝"了。

丝：一是指像丝一样的东西，如铁丝等；二是指蚕吐出的像线一样的东西，是织绸缎的原料。甲骨文中就有了"丝"字，说明我国丝绸在上古就已出现，在汉代形成著名的"丝绸之路"。丝有一个表兄弟叫咝，这个咝是象声词，形容枪弹等很快地在空中飞过的声音，如子弹咝咝地从身旁飞过。绞丝旁连绞丝旁，"丝"字就在你身旁。绞丝对绞丝说：我俩有幸连一起，如丝如扣不分离。

扶　"扶"字中的"夫"：一是指成年男子的通称；二是指丈夫等。这个字一看就明了，无论是社会还是家庭，扶危济困、救死扶伤都是男人必须做的，这就是提手旁与夫构成的"扶"字。夫一出手相扶，大家深受鼓舞。

蒙　这是一个多音字，读第一声的是蒙人的"蒙"，读第二声的是启蒙的"蒙"，读第三声的是蒙古的"蒙"。该字自上而下有四个部分：草字头，秃宝盖，一，豕（豕是指猪）。记住这个字的方法是：草字头秃宝盖，一豕被蒙还不知草在外。秃宝盖在想：上有草字头，下有一豕，自己夹中间，上下都被封，还不知是个"蒙"。

荣　秃宝盖中草木为"荣"。荣：一是指草木茂盛；二是指光荣，受人敬重。秃宝盖想：我秃宝盖上有草下有木，爱护草木是我一生的"荣"啊。

堡　"保"字有"土"来垫底，"保""土"成"堡"没问题。堡是堡垒、小城的意思。保卫一方土，堡字来防守。

簸箕　这两个字叫簸箕，是指用竹蔑、柳条或铁皮等制作的扬去糠麸或清除垃圾的器具。竹字头下有"其""皮"，用"簸"扬去糠麸皮。竹字头下一个"其"，"箕"字出现不稀奇。记住了"簸"就记住了"箕"，簸箕两字两相依。

陡　陡：一是指斜度很大，近于垂直，如这山坡太陡；二是指突然，如气候陡变等。耳朵旁配走字旁，合在一起"陡"不爽。

谧 "言"字是偏旁,右边上面是一个"必",下面是一个"皿"(皿是指器皿,盘、盂一类的东西),"言、必、皿"三部分构成"谧"字,说明该字虽有言,但此言必将被器皿一类的东西所阻隔而形成安静的环境,那么"谧"就是指安静的意思,如静谧、安谧等。言旁有必皿,谧字喜安宁。

惰 这个字中的"心(竖心旁)"和"月"是指人的组织器官,"左"是指面向南时靠东的一边,成语"旁门左道"中的"左道"是指邪魔外道。由此可见,由竖心旁、左和月三部分组成的"惰"字就是懒、懈怠的意思,如懒惰、怠惰等。左月有心做偏旁,"惰"得谁都不帮忙。左月有心成了"惰",遇事推却不去做。

邻 "令"听多了,自然就把"令"与"耳"连在了一起成了"邻"。邻:一是指住处接近的人家;二是指邻近;三是指古代五家为邻。令儿(耳)一来,邻来关怀。《三字经》里有"昔孟母,择邻处"的名句。这里的"昔孟母",就是古时孟子的母亲,"择邻处",就是选择好的邻居来决定自己的住处。有道是:山幽人为仙,山高人为峰。

晾 "京""日"在一起,要晾晾自己。

罩 "四"是一个数字。"卓"却意义非凡:一是指高而直;二是指高明、高超、杰出、不平凡。从这个字中我们可以联想到:无论是杰出还是卓越,都有可能被小数目(四)"罩"住,历史上类似事件还真屡见不鲜。四对卓说:我在你上面就是为了"罩"着你,让你不能单独成"卓",这就叫四卓成"罩"四在笑。卓很伤心地说:四(死)在我头上,被罩很难看。

磕 磕是指碰撞在硬东西上,如磕破了碗,旧时也指磕头。这个字很形象,皿(指器皿)被石磕破了,石去(石扔去)皿不全,这就是"磕"。

冠 这个字有两个声调,读第一声的冠:一是指帽子,衣冠整齐;二是指鸟类头上的肉瘤或高出的羽毛,如鸡冠子。读第四声的冠:一是指把帽子戴在头上;二是指超出众人,居第一位;三是指在前面加上某种名号,如冠以诗人的桂冠等。这个字的构造很有意思:秃宝盖表示覆盖的范围,元是指开始、第一、为首的,寸是短小的意思。用一句话概括就是:在一定范围和短时间内取得第一,这就是"冠"。秃宝盖下有元寸,冠字与你有缘分。

恙　羊说:没有了尾巴心病重,这就是"恙"。恙是指生病。

踢剔　这两个字读音声调相同,含义不同。"踢"是指用脚触击,如踢球、踢毽子,一脚踢开等。"剔"是指把肉从骨头上剔下来,或把不好的东西剔出去等。易对足说:你想把我踢出去有这么容易吗?要踢必须你先来。故足字做了偏旁,这就是"足""易"构成的"踢"。易还对立刀说:你拿着刀,要把我剔出去,那肯定也是你先来。故易字做了偏旁,立刀就把不好的东西剔出去了。踢剔优势互补,需要用脚的时候就用足字"踢";需要用刀的时候就用立刀"剔"。此"踢"易,彼"剔"也易,两字当中都有"易"。

陌　田间小路纵横交错、星罗棋布,耳闻数百遍也还是生疏不熟,这是"陌"的含义。

禄　"禄"字最早见于《诗经·瞻彼洛矣》中的"君子至止,福禄如茨"。汉人郑玄在笺注中也有所揭示,他说:"爵命为福,赏赐为禄。"接受爵位之封是福,得到某种具体赏赐是禄。官越大,俸禄就越多,收入就越丰富,从某种意义上讲,"禄"实际上就等于"官",高官厚禄之说就由此而来。"鹿""禄"谐音,鹿是禄文化的第一祥瑞物,是求禄者心中的吉祥图腾。当"鹿"被美化之后,鹿禄相互融合,促使了禄文化的健康发展,至今仍保持着相当的旺盛生命力。

墙　这个字有意思,也很形象,"回"代表着房子的墙基,一个"土"作为偏旁,说明墙与土有关联,一个"土"中有两点(两点代表石子)示意墙是由土和石子建造的,这就是"墙"字的构造。

端 《墨子》书中写道:"端,体之无厚而最前者也。""端"字原意是植物初出土的芽尖,整个植株由它成长。字典解释它:端正,东西的一头(两端末端),用手把东西端平等。"立""峏"合成"端",做事不极端。

计 十字口徘徊,谁人之言都是计,这就叫"言""十"为"计"。有人说:数十人之言,必有其计。

体 这个字告诉人们,做任何事都要以"人"为"本",得"体"是其要义。

慎 用"心"修炼一生,生怕待人不"真",这就是"慎"。

囧 古"炯"同"囧",是象形字。形如八字眉,下如一张嘴,古怪的字形赋予了其光和明亮等意。在网络文化中,人们将"八"视为眉眼,"口"视为嘴巴,合在一起有"郁闷、悲伤、无奈"之意。

第二节 歇后联想

歇后语是一种短小、风趣、形象的语句,由前后两部分构成,有时只说前半部分,后半部分略去,所以叫歇后语。歇后语的前半部分一般是形象的表达,后半部分则解释这 形象表述的含义,同时用比喻或双关的手法,表示其实际意义。有时,后半部分的解释也会直接表示这个歇后语的含义。在认字记字方面,有些字也可以用歇后语来表达,这样更能加深对字的理解。

白 "日"字头上一撇——没"白"过。

哭 犬字头上两张口——"哭"都来不及,两口被犬欺——哭得伤心。

亏 "二"下面一个钩——"亏"大了。

露　"雨"下面的"路"可不是一般的路——那是真"露"。

崩　把"朋"友当靠"山"——迟早一个"崩"。

乖　"千"插在"北"中间——还真是"乖"。

驮　"马、大"一个"驮"——做事的命。

夹　火气大,来两横——"夹"是肯定的。

尴尬　监介两兄弟都被"九"给包了——还真是尴尬。

憨　"敢"字下面一个"心"——"憨"得可笑。

横　一"木"变"黄"——"横"着来。

鲜　"鱼""羊"一起烧——"鲜"到家了。

装　"壮"汉穿花"衣"——"装"酷!

庇　"广"下一"比"——庇还是不庇?

驳　"马、爻"搭配——不(驳)累。

太　"大"一"点"——"太"累!

去　"丢"了一撇——"去"找?

丢　"去"带一撇——还真"丢"了!

忘　"心"都"亡"了——还有什么不能"忘"!

嚣　一页顶四口——叫"嚣"。

盲　一旦"亡""目"——那就"盲"了。

尽　"尺"能有"两点"——也算"尽"力了。

废　"广、发"有用吗——还不是一个"废"!

负　"贝"字头上一把"刀"——谁敢"负"!

免　"兔"字不带点——"免"了。

笨　竹头压"本"——"笨"到家了。

辱　"辰"留一"寸"——"辱"了谁？

孝　"老"字头下有一"子"——那是为了"孝"。

牛　"午"一出头——那是真"牛"！

八　人若分开——肯定发（八）！

叫　倒过来的椅子碰到了口——痛也不"叫"出口！

斡　"朝"字旁边"人"相斗——只能"斡"了！

宝　宝盖之玉——"宝"啊！

富　有宝盖，又有一口"田"——那是真"富"。

下　"卜"字上面来一横——叫他"下"！

交　"六"若有"乂"（音义）——"交"定了。

变　"变字头"下添"又"——又"变"了！

匾　区字框里藏"扁"——挂墙的料。

贬　"乏"搭上了"贝"——被（贝）"贬"了。

癌　口生此病山难挡——躲不过的是"癌"！

卫　单耳朵下面一横——"卫"姓（微信）。

和　"禾、口"相伴——"和"为贵。

吐　"叶"多一横——"吐"为快。

弯　"弓"顶住了变字头——自己却"弯"了。

歪　不正之时——就想"歪"！

夷　"大"字穿"弓"过——化险为"夷"！

耍　"而"（儿）"女"不孝——"耍"了自己人！

查　谁敢欺负"木""旦"，那就一个字——查！

败　"贝"搭反文旁——"败"了无处藏！

贱　"戈"与"贝"配合——"贱"字跟到老。

贫　"分、贝"连体——"贫"在一起。

拳　卷字头下有一"手"——有"拳"不会让你走！

还　"不、走"——"还"回来。

运　跟"云、走"——有"运"。

迷　"走"还带着"米"——是"迷"不是米。

逸　兔子跑路——找安"逸"。

逼　一口田被拐走——"逼"的！

竺　竹字头下"二"垫底——"竺"姓就是你。

雇　"户"字下面一个"隹"（音追）——"雇"谁都不亏。

售　"隹、口"搭配——"售"也不累。

透　"秀"若"走"过头——顶多一个"透"。

夸　经得起"大、亏"——才有人"夸"！

早　"日、十"搭配——不"早"不配！

蚤　"叉、虫"来了——是个（虼）蚤。

拿　一"合、手"——就想"拿"！

吞　如果"天、口"合一——就能独"吞"？

泪　"目"带"水"——那是真泪（累）！

爬　"巴、爪"在一起——"爬"也不分离。

普　"晋"来"两"点——有"普"了。

积　"和"加两点——"积"的是德。

骂　两"口"子戏"马"——逼出来的"骂"！

法　三点水跟"去"——有"法"了。

114

压　"庄"上一点放到"土"里——那就"压"。

铁　"失"与"金"（金字旁）搭配——还真"铁"。

用　"月"加一竖——管"用"。

彼　两人（双人旁）耍皮——不分"彼"此。

胖　"半月"不见——够"胖"！

满　"水草"一"两"——货少意"满"。

渊　为了保米粮，两边打上墙，大水到墙根，米粮未淹吞——还真是"渊"。

怕　心（竖心旁）里空白——才会有"怕"！

讨　寸言不发——"讨"来的气！

爷　父的耳朵大得往下挂——那是真"爷"们。

件　人牛搭配——这就是要"件"。

双　两个又——成"双"了？

写　与字上面加个盖（秃宝盖）——不写也得写！

聂　两"又"搭台，"儿"（耳）唱戏——"聂"家帮的忙。

朋　月月相伴——有"朋"我干！

筹　"寿"字头上一竹头——等的就是一个"筹"。

召　"刀"下留一"口"——有招（召）。

色　留下的刀疤（巴）——"色"难退。

出　两山叠加——"出"路难！

井　两横两竖——"井井"有条。

斌　文武搭配——当"斌"不累。

略　各人犁田——"略"也不闲。

破　石头砸皮——"破"了。

父　八字下面一个义——那是"父"啊！

愁　"秋"在"心"上——自找的"愁"！

噩　一"王"劫四"口"——"噩"到家了！

多　两"夕"叠加——"多"是好事。

达　走在大的前面——欲速则不"达"。

影　景来三撇——"影"都没有！

兀　儿顶横梁——是"兀"躲不了！我国古代文献中把受过刖刑的人称为"兀者"，"兀"是人断一足后的象形字。由于人断去一足故立而不稳，所以"兀"字中包含的动摇不定这一原始意义就保留了下来。

名　吸（夕）一口——成名？

料　"斗、米"能折腰——不是好"料"！和"米"大人"斗"——"料"你不敢！

支　"又"顶"十"——难"支"！又十搭配——谁来支配？

先　土儿带撇——你最"先"。

移　"禾、多"怕什么——最多一个"移"！

蜂　苍蝇采蜜——装蜂（疯）！

锄　有金相助还是老样——"锄"地的料！

截　栽字头下藏隹——"截"是肯定的！

丰　王敢上下出头——肯定"丰"（疯）了！

重　千田连土土连田——"重"了。

算　竹（竹字头）目（目字旁）在一起，还要带个弄字底——"算"了。

逗　豆会走之——是"逗"你玩的。

迫　平白走之——"迫"而无奈!

第三节　幽默善记

汉字本身是枯燥乏味的,一些熟悉的字长期不用后印象会逐渐模糊,甚至淡忘。因此,要想方设法把幽默元素注入汉字当中,使其鲜活,具有生命力。一般来说,有幽默元素的汉字是不会被轻易忘记的,它会深深地扎根于人们的脑海之中,人们使用起来便会得心应手、游刃有余。

卡　上下不分是个"卡"字。一句话:上下不分离,卡的就是你。

斤厅　斤对厅说:我若有口便是听,你当厅长,我也当"听"长,只不过我是听人长大的"听"长。

赶　走还在干,谁说"赶"不上!敢走敢干,肯定赶上。有人说:做人做事不但要走着瞧,还要走着干,这样才能赶上。

斩　一车才拉一斤,"斩"了!"车""斤"是个"斩",干脆不麻烦。"斩"很自责,不想再干那些斩斩杀杀的勾当了,于是在自己下面添了一个"日",成了暂时的"暂";不久又把"山"搬到了自己的头上,成了崭新的"崭"。

霾埋　霾:指空气中因悬浮着大量的烟、尘等微量粒而形成的混浊现象。埋:指把东西放到坑里用土盖上。从这两个字的含义看,想想做人着实不容易:活着的时候雾里"霾",叫"雾霾";死掉的时候土里"埋",叫"土埋"。一句话,反正死活都是埋(霾)。

田　田字花样多,也好玩,中间一竖出头便成了"由";"由"一倒立就是"甲";上下都出头变成了"申"。由甲申报分田。一田有四口,分田按人口。

大　一个人当了老大,自然是大于他人。大字很会变:头上添一横就变

"天";右上方添一点就变"犬";下面加一点就变"太";加个"圭"就变成了"奎"。

工　工字也有趣:一竖出头便是"土";带个尾巴成了"干";中间一横就成"王";腰坐两人那就是"巫"。

人从众　一个人是"人",两个人是"从",三个人是"众"。"众"字在甲骨文中写作"日下三人形",是从事农业生产的奴隶。现代意义上的"众"则已完全不同于甲骨文时期的那个"众",人民群众已当家做主。一个人叫单打独斗,靠的是勇气;两个人叫双打,靠的是配合;三个人叫众,靠的是团队精神。

木林森　一个木是"木",两个木是"林",三个木是"森"。一木不成林,叫独木难支;两木能成林,叫两木林;三木是个森,叫林木森森。有这么一则猜字的谜语:"一不出头,二不出头,三不出头。不是不出头,是不出头。"想想看,一不出头是个"木";二不出头是个"林";三不出头当然是"森"了。

口吕品　一个口是"口",两个口是"吕",三个口是"品"。吕口品茶,品出名茶。品对晶说:直爽的人肚子里从来没有横杠杠。

土圭垚　一个土是"土",两个土是"圭",三个土是"垚"。丰盛的佳肴,款待土圭垚。

日昌晶　一个日是"日",两个日是"昌",三个日是"晶"。过一个日是生日;过两个日是双休日;过三个日则是结晶之日。这叫作:日昌晶好开心。

火炎焱燚(音意)　一个火是真"火",两个火成"炎",三个火还是"焱",四个火则是"燚"。这四个字还真有点意思:火来炎热,焱(指火焰)乱窜,燚(指人名用字)来救火。

哥　什么是哥?两个"可"叠加起来才叫"哥"。哥虽然是一个传说,但彼此都非常认可。两可哥是好哥,天天教我练唱歌。

王全珏弄汪旺枉狂皇　三画而连其中谓之"王",古之造文者是这么想的。孔子曰:"一贯三为王。"就是说,能够融会贯通天、地、人三极之道的人,方可称王。"王"字在甲骨文中的写法形似斧钺,象征军事统帅权,也表示拥有生杀予夺之权。用仁义治理或统一天下,以道德手段使天下人都来归顺,这就是"王"。依靠仁义道德形成天下一统的政治局面,叫作"王道"。中国文化中称的"先王",不是指哪一个皇帝,"先王"这两个字就是我们现在讲的"传统文化""中国文化"的意思。"先王"两字的精神,代表了列祖列宗。无论它们贱与贵,"王"子(字)跟谁都能配。王上面有人所以"全"能;王带玉就是"珏";王下面加个弄字底就把事"弄"好;王加水就成了"汪";加日那就"旺"了;加木是"枉"了它;加个反犬旁随它去发"狂";头上加个白那是"皇"。王对皇说:还是当皇上好啊!人都变白了。

玩　"王"与"元"构成"玩"。王是王者,元是钱币,王者有钱就是玩。

知　该知的知,不该知的不要知,知后不利的也要矢口否认。要知道,把"知"字拆开是"矢"与"口"两个字,矢口是可以否认的,如果"矢"与"口"组合那就是知了。要记住,在特定情况下把矢口当成知,其后果等于生了一场病,那就是痴。因为,矢口与知是一步之遥,知与痴也是一步之遥,结果却大相径庭。

器　一犬顶四口,这犬成"器"啦!器也会当官,叫"器官"。生活中有不同的"器",器能盛纳万物,美的形制与好的内容相得益彰;器能助人成功,有利器方成匠心之作;有一种"器"叫器量,兼言并仓,彰显才识气度;有一种"器"叫国之重器,肩负荣光,成就梦想。

鑫　鑫是兴盛的意思。家有三金真开心(鑫),有了三金事业鑫。

岛礁　山在海里成了"岛"，石在海里成了"礁"。四面被水围着的陆地叫岛，三面被水围着的陆地叫半岛。礁是指江海里的岩石，有明礁、暗礁。在江海里把山作为岛（因为岛字里有山），把石作为礁（因为礁的偏旁是石），这样的造字很有形象感，也容易理解、记忆。

罪悲　是（四）非不分是"罪"之源，非分之心是"悲"之源。这两个字告诫世人，是非分不清的人迟早会犯错甚至犯罪；有非分之心的人悲也会随之而来。有人说，搞不清楚是与非，迟早会有罪与悲！

犇　这是最牛气的汉字，也是"奔"的异体字。一头牛就力大无穷了，何况三头牛成列队一起前进，那力量不言而喻了。这个字实际是"奔跑、急匆匆"的意思。三牛成犇，一路狂奔。

淼　这是一个最"水"的字，也是"渺"的异体字，形容水大的样子。这条江水势辽远，一眼看去淼淼茫茫，犹如一条无尽的水带，给人带来美的感受。三水成淼，其声美妙。

毳（音翠）　这是最"敏感"的汉字。三毛合一很干脆，叠加起来就叫"毳"。毳是鸟兽的细毛，也是人体表面的细毛，叫毳毛，也叫寒毛。既是"寒毛"，就非常敏感，它替代人体传递冷热寒暑的细腻感觉。毳毛冻得竖起来，赶快把衣来购买。

矗（音触）　一个直是直，两个直更直，三个直那就是"矗"了。顾名思义，矗是直立、高耸的意思。江郎三石高矗雄伟，如此美景体验一回。三直一起是个矗，直爽之人好相处。

磊　从字面上看，磊有三石，三石成磊，说明磊是石头多的意思。光明磊落做人，干净利落做事。三石叠加构成磊，三人做事众不累。

赑（音毕）　这是最有力的汉字，"贝"代表钱，三个"贝"在一起，表示用力的样子。俗话说得好，"饭好吃，钱难挣"，挣钱怎能不费劲？这个字也指传说中的一种动物，是龙的儿子之一，力大无穷，旧时大石碑的基座多雕成它的样子。眼睛一闭，三"贝"成一"赑"，赑是用力的样子，也指驮碑的大石龟。赑屃（音细）很有力，驮个石碑很卖力。

贺　加贝成功，值得庆"贺"。或者说，加贝就给"贺"。东南西北中，加贝贺成功。

道路　道是处世的原则、万物的本质，是中国人对理想境界最朴素、最深刻的体悟。道反映出中华文化的根本信息，是中华文化认同的主要理念和发展原动力，是思想中一种崇高的概念。道由走之和首领的"首"构成，说明首领走的路是"道"。足字旁加一个"各"构成"路"，说明百姓的"路"是各走各的。路有千万条，但道却是成系统的，因此，路需要道来引领，这就是道与路的关系，简称道路。韩愈说："由是而至焉是谓道。"从这儿走到另外一个地方，就是一条道路。这里讲的道路是人要修的道路，修这个道路要在里面修，而不是在外面修。所谓内圣，才能外王。里头有聪明睿智了，有圣人的智慧了，外面才能教化大兴，教化众生。

鸽　把"鸟"都集"合"起来一起飞，这叫放"鸽"子。

牛生　牛急切地说，赶快给我下面垫一横，刚垫好，"牛"就"生"了。

狼猫狗猪　没有反犬旁我就是一个"良民"，"狼"是这么想的；没有反犬旁我还是一株"好苗"，"猫"也是这么想的；没有反犬旁我早已画上圆满的"句号"，"狗"更是这么想的；没有反犬旁说不定我就是小说的"作者"，"猪"还是这么想的……综上所述，它们得出一个共同的结论：反犬旁不是好东西。一小学老师问学生：狼和狗生的孩子叫"狼狗"，老虎和狮子生的孩子叫什么？该学生脱口而出："老狮（师）。"

冉再　再很生气地说:你再往上跑,我头上的一横就给你了,立马叫你由"冉"变"再",然后也让我感受一下冉冉升起的情景。有些事不是缺水平,而是缺条件,就像这两个字,有一横没一横字义就不一样了,所以说条件很重要。

群众　群是左右结构,左边是"君",右边是"羊",说明君是管羊的;众是上下结构,一人在上,两人在下,说明在上的是领导。从统治的角度来分析,从左到右,从上到下,群众这两个字都已概括。

杜　"杜"由一个"木"和一个"土"构成,叫木土"杜"。两个"杜"有两个"木"和两个"土",两个"木"是"林",两个"土"是"圭",叫林圭;三个"杜"有三个"木"和三个"土",三个"木"是"森",三个"土"是"垚",叫森垚。

旦　旦由一个"一"和一个"日"构成,叫一日"旦"。两个"旦"有两个"一"和两个"日",两个"一"是"二",两个"日"是"昌",叫二昌;三个"旦"有三个"一"和三个"日",三个"一"是"三",三个"日"是"晶",叫三晶。

灶　古人对灶很重视,再穷的人家也要搭建一个灶火棚。《汉书·五行志》称:"灶者,生养之本。"可见灶的重要性。一个"灶"由一个"火"和一个"土"构成,叫火土"灶"。两个"灶"有两个"火"和两个"土",两个"火"是"炎",两个"土"是"圭",叫炎圭;三个"灶"有三个"火"和三个"土",三个"火"是"焱",三个"土"是"垚",叫焱垚。

鸭　带盔"甲"的"鸟"是"鸭"。有老师教生字"鸭",把"鸭"写成"鸟"在左边,"甲"在右边,学生都说"鸭"写反了,老师说,这是反(番)"鸭"!从此,全班同学都记住这个"鸭"字了,因为他们家里都有番鸭。

平伞　"木"字下面添一横是什么字?其实没有这样的字,但倒过来看是个"平"字。如果把"木"倒立,上面加个"人",那就是"伞"。平与伞这两个字放在一起,看似不关联,其实还是蛮有意思的。下雨时伞撑开了,"平"的一横成了"人";雨停后伞不用了,伞就放平了。"平"是为"伞"做准备的,"平"去一横换上"人"就是"伞"了,说明人要用伞了。有人说:伞就是大人物能够为下面的数十个小跟随者遮风挡雨。

天半　把"天"倒过来,再在中间加一竖,那就是"半"。说明老天也有这个意思,天下财富人人都有一半,也就是说,人人有份。

四目　横着是老四,竖起来是你的耳目。四对目说:不要以为我横着装死(四),翻个身就能目不转睛,不相信试试(四四)。

丰卅　竖着是丰,横着是卅,卅是三十的意思。丰收的日子喜洋洋,大年三十再出洋。卅对丰说:俗话说,横着来人家怕,竖着来目标大,这下好,丰(疯)了!

干士　职位是什么? 干士。什么是干士?"干"字倒过来是"士","士"倒过来是"干",干士就是干到士(死),士干就是士(死)也要干。

官　"官"字很形象,宝盖象征着官帽,一竖是一根扁担,扁担两头系着两张口,意思是说,给你一项官帽,你要挑起这个担,好好干,上面一张口是为老百姓吃饭,下面一张口是为自己吃饭。如果老百姓一口饭都吃不上,官也就不存在了。

邪阪　邪和阪见面后,邪在想:怎么整的,耳都长反了! 阪也在想:真的不多见,牙耳怎么会长在一起的呢? 真邪乎!

菅　"菅"跟"官"还有点关系,官就怕头上长草,一旦长草,就可能会干出草菅人命的事,伤害一方老百姓。有人说,官字头上一长草,草菅人命不会少!

旦旧　日子过得怎么样?"日"下一横天天过元"旦"。现在过得怎么样？一横变一竖,涛声仍依"旧"。

古叶　这两个字看似简单,其实还蛮有意思,"古"往右下翻个身就是"叶","叶"往左下翻个身就是"古"。长在树上的是叶,掉到地上的是古。通俗地说,竖起来的是叶,横在地上的是古。古对叶说:你千万不能翻啊,人家翻身得解放,你若翻身就作古了!

馋　这个字有意思,左边食字旁,右边一个"兔"字下面有两点,构成"馋"。馋:一是指贪吃;二是指贪、羡慕,如眼馋。以字明义,假如这个人很想吃(食字旁),但又吃不到(一个兔),怎么办呢?只好流口水(兔下面有两点水)。馋有个表妹也叫谗,这个谗可不好玩,带了一个言字旁就谗言不断,到处说人家的坏话。

笑　人长寿的秘诀就一个字,那就是笑。一个竹字头像是两张嘴在开口笑,这个笑,是一个通天的笑,把天都笑在了自己的脚下。

古早　十张"口"是"古","古"的"口"中添一横是什么字?好像不清楚,但把这个字倒过来看,原来是个"早"。

下不丕　本来就是"丅"字形的顶梁柱,有人搞了一点小动作,硬要在"丅"的右边添上一点,结果"下"了。有贵人在"下"的左边增加了一撇,"下"就变成"不"了。后来又有贵人在"不"的下面加上一横,"不"变成了"丕",丕就是大,从此,丕业就越做越大。

未朱　"未"字头上加一撇,"未"就变成了"朱",叫未朱(喂猪)。

尗　豆的总称是菽(菽同尗)。上小同一体,尗说是自己。小的要向上,尗说自己干。

业　"业"字下面加一点,这是什么字?把它倒过来,原来是个"亦"。

人　把人或作为单人旁与相关数字搭配能有什么收获呢?人与一是

"个";人与二是"仁";人与三是"仨";人与五是"伍";人与七是"化";人与九是"仇";人与十是"什";人与百是"佰";人与千是"仟";人与乙是"亿"。看来,人与九搭配最不好,不但不是九(酒)反而是个仇。

由　"由"字上面加两横是什么字?倒过来看是个"里"。"由"一倒立就变"甲","甲"添两横就成"里"。

爱　这个字由"爪字头""秃宝盖""友"三部分组成。爪字头象征着爪子,秃宝盖是房子,房子里的"友"说明爱需要物质条件(秃宝盖是房子,是物质条件),需要友谊、友情、友爱,更需要像野兽的爪子那样紧紧抓住,不离不弃,这样的爱才会长久、永恒。

倩　倩是美好的意思。有人说:无论从哪个角度看年轻人,都是一个"倩"。

结婚　"绞丝旁"和"吉"合成"结"。绞本身就有纺织的含义,吉是幸福、吉利的意思。"婚"左边是"女字旁",右边是"昏","昏"字上部分是"氏",下部分是"日",意思是说,女人结婚不是一时头脑发昏,是要长期过日子的。旧时常在姓后边加"氏"字称呼已婚的妇女,如王氏、张氏等。因此,"婚"字中带有一个"氏"是有道理的。"结婚"两个字告诉人们,男女结婚后,夫妻之间的感情要像纺织丝线一样缠绵在一起,过着幸福、吉利的日子,这就是结。"婚"可拆分为"女"和"昏","昏"指的是黄昏,其意是:一辈子的夫妻犹如日出日落一样,从早晨到黄昏,自始至终。有人说,"结"字中有一个"士",故"结"代表着男方。女偏旁是指未嫁之女,氏代表已婚之女,故"婚"代表女方。

义户　点的位置很重要,点在义上面那就是义,点在尸上面就成了户。

古　"古"字上面的"十"不仅表示数字,还象征着"十字架";下面的"口"

是指人的口。"十字架"下一个"口",说明人已作古。"古"的右边加个反文旁,"古"就变成了"故",说明这里面有故事。

绝　绞有纺织含义,绞丝旁与色搭配构成绝,那么这个"绝"就会警告你:与色绞在一起绝不是好事! 有人说,与色绞一起,"绝"不放过你。

寂　在所有对亲朋好友的称呼中,显得最寂寞的是叔,叔整天在房子里(宝盖头象征着房子)不出门,你说寂不寂啊!

白茶　有两个老人在争辩喝白开水长寿还是喝茶长寿,一老人说:白开水的"白"是"百"字上面少了一横,说明喝白开水可以活到九十九。另一老人说:"茶"字拆开是"廿加八十八",意思是说喝茶可以活到一百零八。看来,喝水还是喝茶长寿只有喝的人自己知道。

胡　一"古"一"月"是"胡"。记住这个胡只要一句话:麻将只有"古月胡"。

府腐　府对腐说:看看你这个德性,还跟我比! 我是广付,为了广大利益什么都敢于付出! 从此我就成了政府的"府"。而你呢,区区一点肉都要占为己有,还要把广字的竖撇延伸到底遮住那点肉,以掩人耳目。你想想,没有那点肉你能成为腐吗? 是那点肉害了你,把你从政府的"府"变成了腐败的"腐"!

阄　龟跑到门里与门组成一个字叫"阄"。这个阄还真有趣,当龟跑到门里,没有人敢去抓时,有人想出一个办法,叫抓阄,规定抓到阄的人去抓龟,这样事情就解决了。

百白　百对白说:因你没有平的一横,才会变得空白! 我有平的一横,这平的一横就是要告诉大家,人生的百年之计就是四个字,"心态平衡(横)"。

圣权　"又""土"是"圣","又""木"是"权","又土又木"是"圣权"。圣是上下结构,纵向高如天;权是左右结构,横向大无边。

师帅　"师"去一横就是"帅","帅"加一横便是"师"。这个师的官兵都很帅,叫师帅。

窭(音具)　这个字比较形象直观,一看就知道"窭"是贫穷的意思。娄在洞穴里过日子那真叫一个穷,穷得经常吵,叫"穷吵"! 富人喜欢吵,但富人不是真吵,而是为了另外一个吵,叫"虫草"。穷吵穷吵穷了就会吵,那是伤心地吵;虫草虫草虫也会变成草,这是养身的草。

星　谁的生日叫星? 星的"生""日"叫"星"。

厂人　"厂"无一撇便是"一",人是撇捺组成的,撇是人的一半,只要把人的一半(撇)精力放到厂里,厂子(字)就活了。

人入　"人"字的"撇"意味着开拓、创新,故笔画要长一些;"捺"意味着和谐、安定,故笔画要短一些,这就形成了一个完美的"人"字。也就是说"人"字的"撇"是创造财富的,"捺"是过家家的。"入"字也由撇捺构成,但撇捺笔画的长短与"人"字相反。我们经常在电视上见到这么一个镜头,人的头往左一歪,其意是叫你进来,这就是入,所以"入"字的捺要比撇长一些就是这个道理。

若各　"若"不撇开终是苦,意思是说"若"字的撇如果不撇出去就是"苦";"各"字捺住即成名,只有收住"各"字的捺笔才是"名"字。"水"无两点难成"冰",一撇一捺便是"人"。凡世间之事,撇开一些利益纠结就不苦了;看方寸之间,能按捺住自己才是人生大智。这是形与义的完美结合!

撵　两夫拉一车是辇字,后来不知谁给辇搭了一把手,"辇"就被"撵"走了。

抽　放手由你,迟早挨"抽"!

联　联想总与耳闻有关。

伏袱　伏对袱说:衣多成包袱,看你怎么伏!

厶　厶是私的古字,与它搭配的字也蛮有意思:"八""厶"为"公","二"

"厶"为"云","弓""厶"为"弘","且""厶"为"县","撇""厶"为"么","土""厶"

为"去"。"厶""矢"是"矣","厶""儿"是"允","厶""牛"是"牟","厶""口"是

"台","竹""目""大""厶"是"簋"。

隙　隙是裂缝、空的意思。"两小"过"日"还要用"耳"防着,情感肯定有

"隙"了!

忺(音先)　忺是高兴、适意的意思。谁都不欠,心里高兴,这就是忺。

心欠是个忺,高兴玩一天。

痫　闲一直都想不通为什么自己生病就是癫痫病,这就叫闲会生痫病。

携　隹(音追)乃需要帮手(提手旁),叫"携"手。

勋　员力员力,每员都出力,那就是"勋"。勋是特殊功劳的意思。

遇　禹提示人们:走出去才有机遇!

怎　乍一有心,"怎"就放心。

钊　钊是勉励的意思。从字面上可以看出它把奖励、惩罚融为一体:勉

励你干得好有金钱财富,干不好则有如刀一样的惩罚。

做　这个字告诉人们:每个人的故事都是"做"出来的!

寸才　寸之所以是寸,是因为只看到自己那一点,鼠目寸光的思想使它

寸步难行。才之所以是才,是因为懂得开拓,把自己撇出去创业,结果成了

人才的才。这两个字提示人们:在同样的条件和环境下,只考虑自己那点小

算盘的人,迟早如同"寸"字一样,路会越走越窄。相反,为人处世大度一点、

勤劳一点、开放一点,把自己撇出去,置身于社会发展中,就会取得成功,成

为有用之才。

翘　羽一来，尧重心不稳翘了起来！"尧""羽"一起，"翘"字无疑。羽对尧说：在你怀里，虽然翘了点，但安全了许多。

酋　"西"字头上长两点，当了酋长心里甜。

瘤　腿脚被摔，骨头往外凸，肌肉肿胀，看上去好像加了一块肉一样，故"瘤"字的病字旁里面有"加肉"两个字，其意是腿脚瘤了。

逝　这个字比较形象。以字明义：折走了，这就是逝。

摊　难题面前，不出手尚可，一出手就"摊"上了！

边　人生道路光有力还不够，还要有智慧，否则会使自己越走越边缘，成为边缘人！

俭　由单人旁和"佥"（佥是全，都的意思）构成"俭"，这个字的含义就出来了：即使全都有了，也要牢记一个"俭"字。勤劳而不攀比事事简，富裕而不奢侈处处俭。

禀　禀：一是承受，生成的，如禀性；二是旧时下对上报告，如禀明一切。因"禀"字由"京字头、回、示"三部分构成，故一句话就可记住该字：京字头下那回示（事）。

差　羊尾巴长歪了，工夫也白花了。"差"字结构告诉我们：脊梁不正，花再多工夫还是差人一截。

窗　古人住在洞穴里，为将烟气排到洞穴外面而制作的通道就是"囱"，这样一来洞穴就干净、敞亮了，从此"穴"与"囱"合在一起就成了"窗"字。穴囱为窗，窗明几净，人言可信。

崔　"山"下一个"隹"（音追），该字是个"崔"。崔有许多表兄弟：加个单人旁是催促的"催"；加个提手旁是摧残的"摧"；加个王字旁则是璀璨的"璀"。

错　昔是从前的意思，如果回到没有铁器的那个年代，"昔"与"金"（金字旁）搭配肯定是"错"的。"金"与"昔"在一起，"错"字一直跟到底。

反　厂字头对又说：我俩一起"反"了！

懂　以草为重，心里都懂。一个"懂"字，深刻体现了人类对大自然的尊重与保护。

慌　荒在心里，叫谁都"慌"！

焦　隹是指短尾巴的鸟，四点底似火，说明火烧隹的结果是"焦"了！"隹"字要了四点底，焦了只能怪自己。

忾　心里有气才会愤怒，这就是"忾"！心气一起来，忾字你少来！

逵　两"土"中间一个"八"，说明土是路，八通四方，加上走之，这个字就是指通向各方的道路。土八土迈开腿，走到哪不后悔，这个字就叫"逵"！

虏　虎字头下一个"力"，说明力尽才被"虏"的！虽有虎字头，力尽成俘虏。

捋　一个提手旁，右边分上下两部分：上部分象征着野兽的爪子，下部分表示人的发须、胡子如寸之长。这三部分构成了"捋"字。该字很形象也很风趣：用自己的手指顺着抹过去，整理整理头发或胡须。爪子寸，提手旁，捋捋发须精神爽。

盈　"乃"包"又"却包不住"皿"，结果是"盈"出来了。盈是充满、多余的意思，如热泪盈眶、盈利等。

孩　"子""亥"为"孩"，人人关怀。

媒　古代"女"子看上"某"个男子，直接跟人家说是不合适的，所以得有人牵线呀！

拍　擅长拍马屁的人都是凭着那只提起来的"手""白"手起家的。"拍马"的典故来自过去西北的游牧民族。平时人们骑马相遇,常常会拍着对方的马屁股说:"好马,好马。"后来,人们又发现,拍拍马屁股,马会觉得舒服而变得更温驯。既然拍了以后马很舒服,那么人也一样,于是,那些深谙"拍"的人就把拍用到了人与人的交往和上下级的关系上,久而久之,这个"拍"就演变成当今既令人高兴又令人担心的字。

意　心碰知音方有意,意乃心连音。心中立起一枚太阳,相信世间所有的温暖都是与人为善的心意。珍惜缘分,拥有现在,就算给不起太多的温暖也不要去伤害。

术　术,汉代学者许慎解作"邑中道也",意思是城市中的道路。清代学者段玉裁则注为"引申为技术"。独"木"一根,头上偏沉,还要平衡,难道不需要点"技术"吗?这叫点木成术。

贿　行贿,首先要有钱;受贿,是把别人的钱据为己有。有贝就有贿,有贿就有毁,有毁再来悔,晚了!

艳　姿色丰润,身材丰满,怎不光艳照人! 丰色为"艳",百看不厌。

乞　气少争了一口便是乞。每字头下面一个"乙",怎么看都是一个乞。

俶　俶是开始、洒脱的意思。叔多交了一个人就不叫叔了,改叫俶了。从此,俶开始过着又洒脱又不受拘束的日子,真让人羡慕。"叔"一有"人"便是"俶",心情舒畅有感触。

遗　都说贵人多忘事,这话还真能找到出处,因为"贵"与走之组合是个"遗",说明贵人一走就把东西给遗忘了,这叫贵走之,"遗"忘之。

膏　高的两只脚太短,故给它按月配营养,月月配膏方,此高就成了彼膏,叫高月"膏"。

宰　宝盖象征着房子的屋檐;辛字在甲骨文中本是刀凿一类的工具,转意为削刺,据一些古史专家考证削刺就是我国古代五刑之一的墨刑。可以说,在人家屋檐下辛苦一辈子,其结果还是被宰! 宝盖下面一个"辛","宰"字一定要当心!

畜　亩一说起自己的身世就十分伤感:本来是个亩,中间插进了一个幺,从此我这个亩就变成了畜,还经常被人家骂为畜生,难受啊! 这真是:亩字中间进了幺,亩成畜字气难消!

鬼　"鬼"字还真鬼,老是想着把人家的田撇出去,就连儿字竖右弯钩中都要藏个厶(厶是私的古字),真是鬼迷了心窍!

蔑　为了这片草(草字头),派了这么多人(四字头)在守卫(戍),谁敢蔑视! 草字头、四字头,戍在下面很忧愁,蔑字始终在心头。有人说,这是一个最没用、最让人看不起的字,你看,派了四个卫戍部队守护这片草,结果还是被人"蔑",这叫四戍守草,"蔑"要记牢。

其　从字面看,这个字似乎是由"共"演变过来的,共是其的前身,因为"共"在外留学了两年变"其"了,还说是适得其所。共见到其问:啥时候装修的? 两横就变三房了!

节　这个字有意思,草字头下的部件既像斧头刀又像单耳朵,好像告诉人们:斧头刀是以割草为生的,单耳朵则是以草为食的,这就是"节"!

迪　由你走是为了更好地得到启"迪"!

每　在家庭中,每每起早的都是母亲,每每辛勤操劳的也是母亲,故才有每字头下面的一个"母"! 这是对天下每一位母亲的尊敬。每字头下有一母,每时每刻忙到头。

侮　每每被人欺负,这不是"侮"吗?

咒　一张口是有声的,一张口是无声的,有声的是嘴巴,无声的是心机,有声的口和无声的口时刻算计着他人,这就是咒! 两口一个几,咒来咒去咒自己。

正　一止为正,做事不越轨。"一"是指做人要表里如一,"止"是指做事要适可而止,两者结合成为一个"正"。从字面看,正字内含一"上"一"下",其意是为人处世有上有下,端方有肃,不上不下,上下结合,取其中、站得直,绝不点头哈腰,阿谀奉承,这样的人,谁又敢说不正!

穿　"穴"与"牙"构成"穿",看似令人费解,仔细一想还是蛮有道理的。一是长辈经常告诫晚辈,牙掉了不能乱丢,要么放到墙洞里,要么藏在床底下;二是埋葬在洞穴里的人和动物最不容易腐烂的是骨和牙,有的穿越千百年还依然存在。那么,骨和牙这两个字与穴搭配谁更合适呢? 稍加分析大家就清楚了,因为牙可以穿透、嚼碎食物,骨就很难做到这一点,如把穴与骨搭配在一起,不仅字形难看,其义也不合要求。由此可见,"穴"与"牙"组合成为"穿"字是最恰当、最合适的。穴牙一起牙宝贵,"穿"越千年来相会。

创　一个"人"一个"巳"(巳时是指上午九点至十一点)合成"仓"字,加上立刀便成了"创"字。这个字告诉我们:其一,人要创业须趁年轻;其二,创业不但需要勇气,还要承担风险,因为创字带有"立刀"! 有人说,无论是市场还是生活,都需要创造。

狱　此"言"夹在犬中,此人就在"狱"中。

屈　这个字有意思,"尸"下一个"出"构成"屈",说明想出去而出不去,被尸压住了。那么屈的含义也就可想而知了:一是使物品弯曲,跟伸相反;二是低头、屈服;三是委屈,使人不痛快。有一句话叫作:事(尸)出有因,屈服不甘心! 尸下找出路,虽"屈"挡不住!

雷　天下雨，大地田野都是雨水，在这一过程中，云层放电时发出的强大声音震耳欲聋，根据这一现象，"雨"和"田"巧妙地结合在一起成了"雷"字。雷有许多表兄弟：加个提手旁是擂台的"擂"；加个木字旁是滚木的"檑"；加个石字旁是礌石的"礌"；加个金字旁是镭射的"镭"；加个草字头则是花蕾的"蕾"。

钺（音越）　钺是大斧，本来是刑具（用于斩首或腰斩），而不是兵器，古代兵刑合一，往往用钺象征征伐的权力，千万不要把它当成李逵玩的板斧哦。

夷　"夷"可拆为"大"和"弓"二字，是指古代善造大弓的一个氏族。善造大弓自然有安全感，故有"化险为夷"之语。在氏族斗争中，大弓是威力强大的武器，甚至导致全家、全族被歼灭，于是便有"夷为平地"的说法。善造大弓的人自然聪明，不是聪明的"夷"人所能想象即是"匪夷所思"。

初　这个字看似与衣有关，其实无关于衣的含义。量体裁衣时须用剪刀来剪布，故有"衣字旁"与"刀"构成的"初"。因停留在"初"这个阶段，那么"初"就与衣无关了，它是开始，表示时间、等级、次序等都在前的意思。引申义为原来的、原来的情况，如初衷、和好如初等。衣字旁边一把刀，忘了"初"字很糟糕！

奔　上面一个"大"，下面一个"卉"，合起来是个"奔"，是大卉"奔"。大有大众、大人之意，也有方言称父亲或伯父为大；卉是草的总称。这个字的字形比较形象，"大"表示人的头、肩和手，"十"表示人的胸部，"弄字底"表示人的两条腿，一看就像有"奔"的意思。大卉是个奔，卉贝也是贲，贲最喜欢奔，奔了烦恼扔。大对卉说：我俩一起，不"奔"对不起你！

就　京尤一起，舅（就）来陪你。

的 "白"天拼命干,祈求一"勺"饭。

缠 左边绞丝旁,右边一点一个"厘",这就是"缠"。缠说:谁跟我绞在一起,一点一厘都不给!

玻璃 "王"与"皮"在一起,构成"玻"字不分离;"王"与"离"在一起,从今往后就叫"璃"。这两字,没有"王"字叫"皮离",有了"王"字叫"玻璃"。

颤 京字头"回""且","页"在边上看,组合是个"颤"。颤是指物体振动。激动的心,颤抖的手,颤字定要记心头,用到之时不颤抖。

穆 "禾"是偏旁,右边"白、少、两撇"构成"穆"字。记住这个字就一句话:为了禾(禾是谷类植物的统称,古代特指粟),白少下面加两撇,这就是"穆"。穆是温和、恭敬的意思。穆自言自语地说:白发少两根(两撇),为禾把田耕。

引 一边是"弓"一边是"竖",合成"引"字。这个字似乎在提示人们:无论是走弯路还是走直路,都需要有人来"引"领。竖对弓说:与你组合,就是让你向我学习,不走弯路,把你引到直路上来,这就叫弓竖在一起,竖来引导你。有人形象地说:弯曲的弓拉直等于"引"出来了。

到 这个字的构造很有意思,"至"是指到什么地方,同"到"有相同含义,"至"带立刀构成"到",说明至什么地方去的途中很不安全,为防不测,故带个立刀防身,这就是"到"。

雀鹊 "少""佳"连一体,"雀"字在等你。"少""佳"为"雀"是麻雀,"昔""鸟"为"鹊"是喜鹊。

第四节 门里框内

在汉字中,门里框内的字相当多,有些字简单,有些字复杂,有些字怪僻，要真正掌握并非易事。把这些字集中在一起考量分析，相对来讲更直观，也更容易熟悉理解，从而增强记忆，以便用之娴熟，终身有益。

闩　门里面有一横，说明这一横是横插在门后，使门推不开的木棍子，叫"闩"。吃了晚饭，把门闩上。一横在门中，"闩"字记心中。

闪　外面雷雨交加，人们只好在门里躲避，看着闪电雷鸣，这也许就是"闪"字的由来吧！人在门里看闪电，雷雨雷电使人厌。

闭　有才却不出去，只在门里待着，那真叫一个"闭"。才子不出门，闭在家里变木讷。才在门内，闭得心累。

闬（音旱）　闬：一是指里巷门；二是指墙。门里干，干什么？干出了里巷门，干出了一面墙。今天进门为你干，努力干出门干闬。

问　口在门内为"问"，首先强调家教，尔后才有"三人行，必有我师"之类的学问。

闯　门里关着一匹马，怎么关得住呢？这马如果没有病，肯定会往外闯。大千世界由你闯，事业成功人心爽，这才是闯的价值。有人问：骑着大马耀武扬威地进入人家的大门，不叫闯叫什么？

闰　王在门里不是真的做王，"王"与"门"组合纯粹是为了"闰"。可以说，没有王在门里就没有闰，没有闰就没有了闰年、闰月之分。闰遇到水就成了湿润的"润"。王字在门中，闰年闰月记心中。

闲　木放在门里还真是"闲"。俗话说：木门不用是个闲，二胡不拉浪费弦。闲归闲，遇到女孩闲变娴。也有人说，坐着没事，静静地通过门庭看着外面的树木，那才叫闲。

闱　韦在门里是门韦"闱"。闱：一是指古代宫室的旁门叫宫闱；二是指科举时代称考场。如有人尾随，就躲在宫闱。韦对门说：我叫韦，到你门里还是叫闱，因为我俩不同门，但同根生，现在你是考场，我是考生，考好就成门韦"闱"了。

间　人们过日子需要一间间的房子，故"门""日"构成"间"。日子门里过是"间"，门外露一手是"扪"。或许日出而作日落而息，也是"间"的用意。日门为间，团结无间。

闷　这个字一看就不舒服，本来我心飞扬，现在却把心关在门里闷，闷得不想出门。心里的门打不开永远都是闷，扪心自问这样行吗？这叫心门不开，闷得发呆！

闸　"甲"关在"门"里成了"闸"，甲一生气把门给闸住了，叫闸门。

闹　这个字比较形象。门是指房子的门面；市是指做买卖交易。可想而知，市在门里肯定"闹"。你不闹、我不闹，门市闹；你也闹、我也闹，市门闹。也有人说，门口就是市场，不闹才怪！

闺　"圭"躲在"门"里成了门圭"闺"，这个闺有两层含义：一是指上圆下方的小门；二是指旧时女子居住的内室，也叫深闺。闺为寝门，是第二重门，此门较小。闺内为主人起居之处，并称内宅为闺。后来专用以指女子住处。闺女闺女，圭在门里是未嫁之女。

闻　耳贴着门本来应该是听，这里却变成了闻，是耳门"闻"，为什么呢？看看闻的含义就知道了。所谓闻：一是听见；二是听见的事情或消息，如新闻、奇闻；三是指有名望的闻人；四是指名声，如令闻、丑闻；五是指用鼻子嗅气味。可见，闻是兼听的，耳在门里成为闻也就不足为奇了。门里有耳便是闻，隔门有耳便是真，要"静坐常思己过，闲谈莫论人非"，因为隔门有耳。

闼（音踏）　一个"达"和一个"门"构成"闼"。达是到达的意思，门是指小门。达到门前就排闼直入，也就是说推开门就进去了，这就是闼的本意。

137

达到门里,"闵"字无疑。

闽　虫跟门混在一起,而且虫还在门里面,说明这虫不简单。也正因为这条虫,成就了一个"闽"字,成了福建省的别称。虫门在一起,"闽"字记心底。

阀　"伐"跑到"门"里成了阀门的"阀",从此伐再也不干征讨、攻打的勾当了。伐字一进这个门,伐门成阀是阀门。

阂　亥被堵在门里出不来,所以这个"阂"就是阻隔不通的意思。语言的隔阂阻断不了心灵的交流。门对亥说:只要你进我这个门就别想出去!因为门亥就是"阂"。

阖　门里这个"盍"是何不的意思,如盍往观之。"盍"在"门"里成了门盍"阖",说明盍已到了家门,阖家团圆了。盍字在门中,阖就记心中。

阃(音捆)　阃:一是指门槛、门限;二是指妇女居住的内室。阃不是困在外面,而是困在门内,说明小孩困了,妇女也困了,该到"阃"里休息了。困对门说:到你门里是因为我困了,而且困在门内是最好的去处。困在门内,阃字我会。

阅　兑是交换的意思,兑跑到门里可不是去交换,而是为了"阅"。阅有三层含义:一是看、察看;二是经历;三是阀阅。兑门组合是个"阅",心(竖心旁)兑不离更喜"悦"。

訚(音银)　这个字拆开来就是"言门"(爷们),听起来比较厉害。言在门里是门里言,既然是门里言,那么和颜悦色地进行辩论就是"訚"的本意。门有一言,訚在眼前。

阆　这里可以把门看作是一个区域内的疆界,在界内住的都是良民。正因为"门"里有"良"才有"阆"字,而恰恰这个字成了四川省阆中县的县名。

东西南北中,阃中在心中。门里一个良,"阆"字不用想。

阋(音细)　这个字是争吵的意思。一看就知道,弟兄们都窝在门里,内部肯定不和,还不时争吵,闹得大家不愉快,这就是"阋"的本意。

阍(音昏)　这个字有两层含义:一是指宫门;二是指司阍,即看门的人。《说文解字》称:因"常以昏闭门隶也",故而得名,意思是在天黑后关门的人。

阐　单在门里很孤单,没有人说话,所以要阐述,这就是把"单"放到"门"里成为"阐"的理由。单在门里,阐记心里。单门一扇,阐要积善。

阒(音去)　这个字的门里有一"目"一"犬",说明犬在门里闭目养神。"阒"字的意思也就明了了,即形容寂静,这叫目犬进门,阒无一人。

阔　杨修是东汉末年的文学家,曾任曹操的文书。曹操曾修造一座花园,造成之后,曹操去观看,不置褒贬,只取笔在园门上写一个"活"字便走了。大家都莫名其妙。杨修说:"曹丞相嫌园门太阔了。"于是再筑围墙,改窄园门,然后又请曹操观看。曹操看后大喜。原来聪明的杨修早已知道曹操的意图:"门"上写活字,即"门"里加"活"为"阔"。活在门里真好,心胸开阔,人也阔气;门里干活真好,不怕风雨,人也透气。

阕(音却)　门里面的癸是指天干的第十位,也用作顺序的第十。既然癸排第十,放到门里成为"阕",那么阕就是停止、终了的意思,如奏乐终了就叫乐阕。癸在门里是个谜,门癸组合"阕"欢喜。

阗(音田)　门内一个真,是真门吗?其实不是,这是个"阗"字。和阗是一个地方,在新疆维吾尔自治区,今作"和田"。真对门说:真到门里就和你分田,因为我俩组合就是为了一个"阗"!真门一个,阗字难得。真门一打开,田(阗)果我来摘。

阖　门里面有一个"日"和一个"羽",仿佛让我们知道日子过得像羽毛一样轻飘，不踏实。由此，阃经常责怪自己无能、卑贱。

区　框里面多了一个义（音义），那是区区小事。义为什么要跑到框里去呢？因为义有着治理、安定的意思，义在框里面是为了"区"的安定，如遇大事也是区区小事。

匹　"儿"被框住便成了"匹"。匹有两层含义：一是量词，如一匹马、一匹布等；二是相当、相敌，比得上，如匹配、匹敌等。买一匹红布做几件红裤，也算是对框里的儿的照顾。

巨　小框投进了大框的怀抱，大框小框结合成了"巨"，巨字可不得了，那是大的含义，放到哪里都是巨大。

叵　框里有一口，让人心发愁，因为框口一起是个"叵"字，叵可不是个好字眼，它是不可的意思。有人居心叵测，自己要有对策。框对口说：你跑到我这里，我俩都不可回了，因为差一竖，回就没希望了！

匝　巾是覆盖东西用的纺织品，巾跑到框里面与框组合也算是发挥了自己的特长。匝的含义也就有了巾的成分：一是周，如绕树三匝；二是满、环绕，如柳荫匝地等。巾对框说：我到你这里是帮你匝东西的。

匡　王子（字）坐框，心中不慌。匡有三层含义：一是纠正，如匡正；二是救或帮助，如匡救、匡助；三是粗略计算，如匡算等。从字义看，匡是一个好字眼，否则王怎么会跑到匡里去呢？

匠　在这个字里面，斤显得特别重要，因为斤除了市制重量单位以外，还有表示为古代砍伐树木的工具。斤作为工具与框组合成为匠，那么这个"匠"字就不难理解了：一是指有手艺的人；二是指灵巧、巧妙，如独具匠心、能工巧匠等；三是指具有某一方面的熟练技能，但缺乏独到之处。斤在框里是个匠，斤框组合是好匠。

　　匣　甲在外面游荡累了,要到框里休息了,甲一到框里,匣就变成了收藏东西的器具,如飞机上的黑匣子。另外,某些人的话好像是从匣子里倒出来一样,特别多,这叫话匣子。区字框里有个甲,框"甲"组合便是"匣"。

　　医院　这个名词很有意思,"医"是区字框里一个矢,矢是箭或发誓的意思,如有的放矢、矢口否认等。框是个看病的地方,如医院的房子。矢跑到框里是为了医,医生就有的放矢地为其看病。一个耳朵旁和一个"完"构成"院"字,意思是说,到了医院看病就必须听医生的,如不听就完了,这就是医院。

　　匿　若把自己变成若有若无的样子,隐藏在框里,这是"匿"最喜欢的。若字躲进框里头,"匿"名写信最拿手。

　　匪　非是不或不是的意思。非与框穿一条裤子成了"匪",匪的名声可不太好,它成了强盗、抢劫财物的坏人的代名词,它的想法也不类常人所想,而是匪夷所思。框对非说:你一来准没好事,这下好了,造字的人把我俩当匪了!

　　匮　东西太贱,贵不干了,跑到框里成了"匮"。从此,匮就成了缺乏的代名词,如匮乏等。贵跑到框里一看,除了自己什么都没有,贵一生气就坐在框里成了匮。贵人进了框,"匮"字来担当。

　　匾　扁在外面东游西荡、漂浮不定,就跑到框里过日子,想不到扁到了框里成了另外一个"匾",被人挂在了墙上耀眼一生。扁框"匾",挂在墙上很现眼。

　　凶　区也有它另外的一面,不高兴时就把口朝上,那便是"凶"!凶字框里一个叉,你说凶不凶?态度这么凶,如何来沟通?撇捺叉在一起打来打去,还真是凶,差点把框都打翻了。乂字掉到凶字框,样子凶凶人心慌。

击　丰字去一横，垫上凶字框，这就是"击"。击是打、碰、接触的意思。丰被人陷害，肋骨断了一根（丰字少了一横），只好跑到凶字框等时机出击！

凼（音档）　水存在凶字框是最好的方法。"凼"是塘、水坑的意思。有水的叫水凼，有肥的叫凼肥。凶字框有一塘水，必要之时作凼肥。

画　一支笔绘田园，再镶上一个框，不就是一幅美景图吗？这叫作：凶字框上一田如"画"。

函　"丞"跑到凶字框干什么？原来成就了一个"函"，丞也得到了包含。一"丞"掉到凶字框，记住"函"字心不慌。

囚　"人"在"口"中是个"囚"。这里的口是指四面封闭的类似房子的结构，人在其中根本就出不来。顾名思义，囚是拘禁。有人进去是囚，没人进去是口。因此，口对囚说：不要抱有任何幻想，进到口子里去的人是出不来的！

日目四兄　一在口中是"日"，一张口就有饭吃；二在口中是"目"，那是用来看世界的；儿在口中那是"四"，是四年未见儿，口中念挂着。儿不在口中，那是口在上儿在下，成"兄"了。

因　因大在口中撑着，这叫作口大为"因"。俗话说：凡事大不过口，人要生存、口要吃饭，大在口中只能是因大而小了。

团　有"口"有"才"能组一个"团"。口中有才，团队关怀。这个字告诉我们：口才对一个人很重要，但团队精神更重要，因为口才组合是个"团"。

围　韦来也不怕，一张口就把韦给围住了，这就是口韦"围"。

困　木在四面都封闭的口子里，能长大吗？可想而知，对木来说那真是"困"难。木很后悔在口子里成了困，其实它完全可以在口的上面成为"杏"，那该多好啊！

囤　"屯"有点想不明白:屯粮屯兵都是我的强项,怎么把我放到口子里去了呢!事后才知道,放到口子里是为了"囤"积更多的货物,以备长期使用。屯字一直很自豪,掉到口里囤管牢。

囷　这个字比较形象,口里面的禾是谷类植物的统称,口就是囷粮的仓,禾在口中成为"囷"字,说明囷是古代一种圆形的谷仓。

图　冬跑到口里面图什么?"图"过冬。一口吐出一个冬,"图"字定要记心中。

圈　卷放到口里是安全的,因为卷已经被"圈"起来保管了。卷进了口,圈就无忧愁。

冈　同字框里一个乂是冈,叫同乂"冈"。为便于记忆,比较以下三个字:口朝下是"冈";口朝上是"凶";口朝右是"区"。同一个字因朝向不一样而成了"冈区凶"三个字。

同　同字框里有一口,说明众人如同一口,目标相同、志同道合。同字框里有一口,同心同德往前走。

网　小小的框里居然有两个叉,像织布一样密集,如要猜字的话肯定是"网"。"网"字的生命力在于,它能由实而虚,由虚而实。同字框里两个叉,组成"网"字也不差。

罔(音往)　这个字里有个亡,说明跟亡有关系,其意是尢、没有、蒙蔽、诬等。如欺罔、置若罔闻等。

周　框里面一个"土"一个"口"构成"周",周:周全、普遍,即包罗万象。孔子曰:"君子周而不比,小人比而不周。"这里"周"和"比"的意思是亲密,但"周"是亲于周围人,"比"是亲于个别人。"周"的出发点是忠信,即对周围的人一律本着诚实无欺的原则,一视同仁。而"比"则从以前相互利用这层关系,演变成今天复杂的"人情世故",一旦利益格局发生变化,这层亲密的关系也就马上解体了。周是一个好字眼,土可以种植,口可以吃饭,然后又有像房子一样的框保护着,真是考虑周全。有一句话叫作:考虑不到事事难料,考虑周全事事安全。同字框中有土口,一个"周"字记心头。

圆 古代对"天"形状的朴素认识,即"天圆地方",也是中华民族的精神追求之一。

固 古人把天看成是圆的,把地看成是方的,故有"天圆地方"之说。固字,外围一张口,象征着土地,里面一个古字,说明东西埋在土里时间长了就被固化了。

圀(音哭) 四方都在口里,原来是个"圀"字。圀是指薛圀囵,在山西省山阴县,是个地名。口含四方,"圀"在担当。

国 外面一个"口",里面一个"玉",这一"口""玉"是"国"也。意思是说,玉在口中,国在心中。"玉"是珍宝,意为让人们像爱护珍宝一样珍爱自己的国家,为实现如玉一样的美好生活而努力奋斗!"国"字记录了中国历史的重要信息,被称为"国"之所在,是时代风云的汇聚之字。

第五节 知点巧记

在汉语字典里,带点的字还真不少,有些字与字当中的点看似简单,却很容易使人混淆,长时间不用会忘记字形。知点巧记有两层含义:一层是有些带点的字与不带点的字字形相似,但它们之间是用点来区别的,这样的字如果不知点、不掌握点就会模棱两可,甚至会记错、认错、写错;另一层是它们都是带点的字,稍不注意也会误记、误认、误写。处理好这些带点的字,就要清楚点在字里的位置与区别,做到常甄别、常应用,达到知点巧记、不思量也难忘的境界。

真直　真有两点,直没有。"真"没两点就变"直"了！也可以说:真没两下,早被摆平(直)了。

卞下　"卞"很自豪地说:头上没点就"下"了。

万方　万人出点子,自有好方法。"万"字头上不带点,没有什么好可怜;"万"如有点成了"方",为人处世心不慌。这叫作:一点区别"万"与"方","方"有一点方担当。万对方说:智者千虑必有一失,愚者千虑必有一得。这就是点的得失关系。

乂义　这两个字含义不同但读音一样。乂是治理、安定的意思;义则是指正义、情义、定义、意义、义务等。"乂"的心中只要有一点就是大"义"了。乂在想:没点真痛苦,如果有点,我也是义,我也会承担起各种义务的。

先洗　"先"到了河边遇到了水(三点水),先到先"洗"了。先不带水,先还是先;先如带水,洗洗就睡了。

写泻　本来"写"是应该带水的,因为写东西需要水,也离不开水。那么,"写"为什么不带水呢? 因为写的含义本身就具有水的成分,如果一定要把三点水加到"写"的头上,写的水分就会过多,写的含义也就变了,更何况还会影响到泻字的编造。试想,如果"写"加三点水,那么真正的"泻"要有七八点水,这在造字史中是不可能的。写加三点水为什么会泻呢? 因为写字本身就有水,再加三点水,由于水分过多,就"泻"了。

大太汰　"大"就怕下面加点,只要加上一点,大就变"太"了。太也怕加点,因为它已经有点了,再加三点(三点水)就完了,太被淘"汰"了。

主注　主子(字)天不怕地不怕,就怕水,而且怕的是三点水,只要给

"主"加三点水,"主"就"注"定回不来了,主也没的当了。

　　林淋　林心里很清楚:没有带水的淋难成林,林长得好,离不开淋的滋润。

　　力办为　在这三个字中"力"是主体,点是为"力"而搭配的。有"力"没点,力没地方用,"力"的腰间有两点,"力"就马上"办";"力"的心里上下都有点,"力"就有作"为"。看来对"力"来说,点的位置很重要,点得恰当,"力"啥事都"办";点到要害,"力"就有所"为"。

　　干平　干极力想扩展自己的势力,想方设法拉拢平跟它干。平很无奈地说:只要你把我的两点去掉,我就跟你干!

　　九丸　"九"不识字但很高兴,因为自己终于有点了,马上就成"丸"了。成"丸"后"九"又很伤感,原以为成"丸"是整天玩,想不到此"丸"和彼"玩"是不一样的。"九"上当了,后悔成"丸"了。九丸九丸,还真是被点玩完!

　　占点　"占"的胃口非常之大,占了人家四点还要点。别人给它取了一个绰号叫"占点"。

　　冶治　这两个字的左边一个是两点,一个是三点,右边都是"台"。冶:一是熔炼金属,如冶炼、冶金;二是好,装饰,打扮得过分艳丽,如冶容、妖冶。两点"冶"三点"治",看谁能把冶来治! 冶很伤感地说:只因少了那么一点,就被人治,不服啊!

　　人火　"人"头上加两点,叫谁都要"火",这就是人要火的原因。人类自从有了火以后,便对火崇拜有加,人不离火,火不离人,于是"人"与"火"合成了一个"伙"字,其意是人火合一,就能达到人火不分离的目的。火也用于做饭,于是有了"伙夫""伙计""伙伴""入伙"等词语。

　　免兔　兔伤心地说:谁偷了我的点,害得我被"免"! 其实他们什么都不会,就知道"免兔"!

互瓦　瓦感到很内疚:如果肚子里没有那么一点小心眼,我们早就互相来往了!

刀刃　刀取笑刃说:多一点碍事。刃不以为然:正因为多一点,才比你的刀锋利。俗话说,刀刃刀刃,关键在刃,刀若无刃,没人要认。

今令　今很不服气地说:下面一点真厉害,正因为没有这一点,使我颜面荡然无存,令我干啥就干啥。今令今令,今见到令,立马遵命。

斤斥　斥在想:原来我是斤,名字很好听。自从下面有了点,人家个个把我嫌。斤变斥,受人斥,心里感到很委屈!

厂广　厂每时每刻都在想:我的头上要是有那么一点,厂子(字)的路就广啰!

欠次　次自豪地说:我终于有两点了,从此不"欠"了。

里黑　里是清白的,不知谁给它下面无故添了四点,"里"就糊里糊涂变"黑"了。有时"里"也在想:不应该要的点,结果要了,从此背上了"黑"的骂名。

几凡　几为什么缺点?因为它心里无点。凡劝几说:凡事要多想一点,因为我是这样想的,所以我就有点了。几很不服气地说:你这个点本应是我的!你知不知道,人们不分昼夜不停地问我,几点几点,我一直以为这辈子点离不开我,我也离不开点,结果还是被你占了。其实有没有点并不是很重要,重要的是点还在我身边,人们还会经常问我几点几点,想想也就满足了。

兄况兑　这三个"兄"因点而分离:三兄过得好好的,不知何时来了两点,兄就变"况"了,三兄成了两兄;又不知何时,兄的头上无缘无故地长出了两只角(两点),兄就成"兑"了,三兄只剩了一兄。剩下的这个兄一直在想:

147

兄况如何？有没有兑现诺言？从此不得而知！

口只　口下两点，"只"是不说而已。

替潜　替说：给我三个月的薪水（其实是三点水），就"替"你"潜"水。这叫作：替潜之间三点水，替人潜水需薪水。

能熊　"能"量变"熊"样，只要在"能"下面添上四点就够了。熊不服气地对能说：没有了熊掌，看你逞什么能！

又叉　一点之差，"又"打"叉"了！叉知道日子不好过，心头那一点成了自己叉自己的罪证，而且一说话又打叉，根本无法沟通，人家过好日子，我只能过叉（差）日子！叉很羡慕又，说：什么时候整的容？脸上那颗痣怎么没了？

九氿　做九很好，可有人给"九"加了水（三点水），"九"一下子变成了"氿"。不要以为氿是酒，这个氿是指从侧面喷出的泉，叫氿泉。氿泉虽好，却没有九好。这两个字用谐音就很好记了：九与酒音调相同，氿与鬼音调相同，记住"酒鬼"就记住了"九氿"。

干汗　大家都以为一干就出汗，其实不然，要看跟谁干，如果与日干，则越干越旱，如果与水干，那才是汗。俗话说："干"就要舍得流"汗"。这叫作流自己的汗，吃自己的饭，自己的事自己干，靠天靠人靠祖宗不算是好汉。

少沙　水分去掉，"沙"就"少"了，这是沙少的原因。

木术米沐杰　这五个字的主心骨是"木"，是点改变了它们的内涵与气质。木是很随和的，跟点非常有缘，"木"加一点是"术"；"木"加两点是"米"；"木"加三点是"沐"；"木"加四点是"杰"。看来，木一点都不木讷。

水冰　"水"属于象形字，是五行之一，它是中国古代朴素唯物主义的要素，体现了道家"无为而治"的境界。水喜欢流动，流动的水是美丽的。"水"

无两点难成"冰","冰"去两点便是"水"。冰水就是冰冻后融化的水,或冰或水在温度,或快或慢在速度。

带滞 带在滞面前永远都想不通:作为带,带谁都好带,带什么都可以带,却唯独不能带水(二点水)。一旦带水,"带"就被"滞"了。

虫浊 "虫"多水"浊"。因为水(三点水)里的虫太多,才会变得混浊。

舌活 舌因太干了而讲不出话,喝点水"舌"就"活"了。这个活字道明了一个道理:舌是人体的重要器官,舌如没有水滋润就没法活。舌有水,舌活人灵;舌没水,舌硬人亡。这就是舌与水能成活的原因。舌自言自语道:"千口"之人,倘若无"水",怎么"活"?

步涉 步虽然上面有个"止",但遇水就止不住了,这叫"步"因水而"涉"。步对涉说:叫你走旱路,你偏走水路,这下好,湿身了。

周凋 保护得再周全,两点到了还是凋零了,这叫两周"凋"。"周"不怕没钱,就怕有两点,给"周"配两点,"凋"就在眼前。周很无奈地说:天底下两点成凋就是我了。

大头犬 "大"很担心点多点少,点上点下:在横的左上点两点,"大"就是"头";在横的右上点一点,"大"就是"犬"。从此就叫"大头犬"。

川州洲 "川"夹三点夹出一个"州","州"加三点成了"洲"。川在想:还是点厉害,把我这川变成了"川州洲"。

同洞 "同"想让大家同住一个洞,于是叫大家想办法,结果大家一致建议"同"加水,"同"加了三点水还真成了"洞",从此大家和和睦睦同住一个洞,实现了同洞的梦想。

弟涕 为什么三点水加在"弟"身上,使"弟"流"涕"呢?我想,可能是弟弟顽皮透顶,表情反复无常,又经常眼泪鼻涕一把抓,所以"涕"就成了"弟"

流泪、流鼻涕的象征。

每海　"每"有"水"（三点水）就能成"海"，说明海来自每一滴水。人生也应像海一样，从一点一滴的小事做起，成就人生的伟业。每天节省三点水，日积月累一片海。水每时每刻不停地流，终于把"每"给淹没了，从此，"每"就成了"海"。

齐济　齐对济说：要向我看齐，就要把水分挤掉，这样才能齐心协力。齐很羡慕济：还是水好啊！有三点水就成被救济的对象啦！

分汾　如果把水都分到一条河里，这条河就叫"汾"河。

丘乒乓兵　这四个字的本位字是"丘"，因"点"的关系而产生了不同的含义。"丘"字下面左加一点是"乒"，右加一点是"乓"，左右各加一点是"兵"，看来"丘"是一个乒乓兵。丘当兵很出色，执行任务时踩上了地雷，两腿炸没了才变成了丘。

贱溅　贱感到自己的地位卑贱，偶然遇到水（三点水），一高兴就溅起了水花。这叫作没水是"贱"，有水还是"溅"。

天关　"关"想变"天"所付出的代价是头上两只角没了！

厍（音社）库　"库"字头上有一点便是"库"，库是贮存东西的地方。"库"字头上去一点是"厍"，厍多用于村庄名。"广"里面有"车"叫车广"库"，"厂"里面有"车"叫车厂"厍"。厍村有水库，人人会织布。

留溜　本来是要留的，遇到水就溜了，看来"留"与"溜"之间关键看水（谁）。

狠狼　这两个字中的区别在于点。狠：一是指凶恶，残忍；二是指严厉；三是指全力。这人心狠手辣，如果再让他一点就会变成狼，令人生畏！狼点狼点，"狠"有一点就成"狼"了。

涮煎 这两个字都有"前",声调、读音也一样,点的位置却不一样。三点水作为偏旁的是"涮",涮是洗的意思。四点底在下的是"煎",煎则是熬或油炸的意思。涮说:前面有水洗一洗。煎说:四点在下煎一煎。因为点不一样,两个字的观点也截然不同。

王主 王自豪地说:我虽没点,但我是王! 主也不谦虚:我有点我做主! 王大还是主大,王主争论不休,毫无结果。最后它们一致的结论是:都是点惹的祸!

艮良 艮在想:如果点头能成良(点在头上),那我宁愿做个"良"。

刁习 这两个字区别在斜点上,"刁"有斜点就是"习","习"没斜点则成"刁"。"刁"少了一斜点,成了狡猾、无赖的代名词;"习"则成为人人喜欢的学"习"。

互冱 这两个字的读音声调都相同,其义却大相径庭。互是互助的意思,使人感到温暖;冱则是寒冷、凝结的意思,使人感到寒冷。互告知人们:助人帮人是不带点的,带点就不是互了。人们喜欢真诚的"互",而不需要带点、带水分的"冱"。

中冲 中说:有两点我就敢冲! 冲说:没两点一身轻松。后来,中冲联手带着男生女生一起冲。老子说:"冲气以为和。""冲"是涌动,激荡的意思,可以引申为冲突、对立,象征矛盾的不平衡和对立状态,它是事物实现和谐与统一的内在动力。

东冻 "东"要走了,"冻"立马给它加上了两点,把"东"给"冻"住了。冻少了两点成了东,然后往东走了。

冷泠(音玲) 这两个字共有五点和两个"令",分到两点的心灰意"冷",分到三点的"泠"风得意。

列冽　这两个字读音声调相同,含义却不同。列:一是指行列;二是指陈列、排列;三是指众多;四是量词。冽则是寒冷的意思。冽有两点,冻得人们不敢露脸;列虽缺点,但丰富的内涵远不止两点。

争净　为了两点大家都在争,争什么呢? 争干净。"争"到两点就是"净",争不到还要继续争,争净争净,只要争到两点,"争"才会"净"。

松凇　冰冻天气,松压力很大,痛苦不堪,水汽在它身上结成的冰花,使它变成了雾"凇"。"凇"好想去掉两点,过轻松的日子,但冰冻一来,轻"松"立马变成了雾"凇",这就是"松"的命。

妻凄　妻到现在都想不通:"十女耕田田半边",我做得好好的,一定要把两点附在我身上,害得我凄风苦雨、生活凄惨。"妻"不带点高看一眼;"凄"有两点大家都嫌。

京凉　京说:如果两点加在我身上,我的心都"凉"了! 京剧也不唱了! 京成凉凉成京,谁遇两点谁伤心。

弓弱　两"弓"带了四个小不点,相依为命,实在是"弱"!

咸减　"减"去两点等于"咸","咸"加两点等于"减";咸减咸减在两点,两点在咸咸就减。

禀凛　禀一直以自己耿直的禀性而自豪,却平白无故地被加了两点,"禀"就成了"凛"。都说江山易改禀性难移,现在看来只要两点禀性就改了。俗话说,禀要成凛,两点就行。

疑凝　本来是半信半疑,现在好了,有两点证据"疑"就成"凝"了。解决疑问的方法就是要找出疑点,有了疑点(两点),疑就不是"疑"了,而是"凝",就可以凝神解决疑点了。

看着　"看"字头上加两点就不是"着"了,因为"看"字头上是平撇,"着"

字两点下面是一横,把两点放在"看"字头上,"看"似"着"了,其实不"着"。

十汁　"十"字边上三点水,其实那不是水,而是"汁"。

汇区　三点水加一个区字框,说明框的周边都是水,可想而知,这就是"汇"。

乏泛　"乏"如带"水"(三点水),词义就与水有关,"乏"不带"水",又好像缺点什么,这两个字似乎有点极端:无水则"乏",水多则"泛"。

亏污　亏了就想捞油水,叫亏水"污"。俗话说,"亏"字边上三点水,"亏""水"做伴是污水。如果一个人老想捞油"水",总有一天要吃大"亏","污"了一生的好名声!

乞汔　这两字读音相同,声调不同。乞是乞讨的意思,汔则是差不多的意思。"乞"遇到"水"(三点水)成了"汔",改变了它一生的命运,从此不再乞讨。乞用羡慕的眼光看着汔:你的命真好,遇谁(水)了,饭都不讨啦!

丸汍　这两个字读音声调相同,意义却不同,丸是指小而圆的东西或专指丸药,汍则是指流泪的样子。"丸"如果带"水"(三点水),不但湿身还会发霉,这是"丸"最不愿意的。但三点水已经给了"丸",从此"汍"整日以泪洗面。

也池　"也"实在想不通:加水就成"池"了?

王汪　只加三点水"王"就成了"汪"。这真是大王没的当,两眼泪汪汪。

区沤　沤是长时间浸泡的意思,如沤麻。区区三点水,"沤"得我发霉。

切沏　切如带水,其义与水有关,如用开水冲茶叶叫沏茶。边沏茶边切瓜,热情招待人人夸。

止沚　这两个字读音声调相同,其义却不同,带水的"沚"是指水中的小块陆地。"止"步在江边,"沚"在水中间。

气汽　一气就跳水，把"气"变成了"汽"，结果所有气都蒸发了。

风沨　这两个字像姐妹一样，会遥相呼应。沨是水声的意思。只要风生水起，风水就会共鸣，一起奏响"沨"的乐章。

心沁　心水浸润，"沁"人心脾。

户沪　水户相通，沪户相连。

冗沉　冗：一是指闲散的，多余无用的；二是指繁忙；三是指烦琐。如果"冗"遇上"水"（三点水），水就把"冗"给"沉"了。沉下多余的冗，轻松去从戎。

末沫　"末"有时很生气，用不到我的时候给我泼点冷水（三点水），把我变成"沫"。需要我的时候又把我的水分去掉，使我成了末位的"末"。不过"末"总比"沫"好，如果没有"末"，谁能得第一呢！"末"不带"水"是粉"末"，带了"水"则是泡"沫"。

古沽　"古"若有三点水，"古"就成了"沽"。这个沽很有意思，它集买卖于一身，而且做的是古董生意（因为沽是从古中而来，所以可以看作做古董生意），一是买，如沽酒；二是卖，如待价而沽等。人们常说的沽买沽卖就是这个沽。一个古字，带水成沽；一幅古画，待价而沽。

可河　可遇上水就成河，说明水到之处，可都可以成河，是水可"河"。河是水道的通称，也常专指黄河。

甘泔　"甘"一沾上"水"（三点水），"甘"就成"泔"水。

目泪　目是眼睛，从眼睛里流出来的水是什么水？当然是泪水。

且沮　三点脏水泼在"且"身上，"且"就成了"沮"。且很沮丧，三点脏水竟玷污了我一辈子的好名声，难过啊！

占沾　"占"比较强势，自从到了水边以后，不但"占"着人家的住处，还经常"沾"点人家的好处,实在难讨人喜欢!

失泆　"失"终于有水成"泆"了,泆又可以放纵了(泆是放纵的意思)。

包泡　因为水渗透了包,所以包里都是水,"包"被"泡"在水里了。

白泊　白在想:没有水叫我怎么淡"泊"!

宁泞　宁说:我是安宁的"宁",遇到水以后就成了泥泞的"泞",从此人们都离我远远的,都怕陷入我的泥泞!

立泣　立在水边泣,泣得不成声,不知为何事,原来"水""立"一起是个"泣"!

永泳　"水"与"永"组合成为"泳",寓意为永远有水。现在这个"泳"是指在水里游动,如游泳等。

发泼　泼字一看就是外向型的,把水发出去就是"泼"。从发的角度看,发是不喜欢与水打交道的,本来是个发,结果遇到了水,一切都被泼出去了,什么都没了。

民泯　"民"最怕沾水,一旦沾水,"民"就成了另外一个字"泯"。这个泯可没有什么好名声,消灭、泯灭都跟它有关。良心未泯还是良民,良心泯灭迟早自灭。

皮波　皮漂浮在水面上是波,是皮水"波"。"皮"与"水"(三点水)一起成为"波"是最恰当的,放眼大海波连波,放眼大山坡连坡。

夹浃　夹可以夹住其他东西,却夹不住水,可是夹偏偏遇到了水,夹马上就湿身了,成为带水的"浃"。浃是湿透的意思。俗话说,夹谁都可以就不能夹水,夹了水不但全身湿透,气也受够。

圭洼　圭是古代一种玉器或器具,可以存水。"圭"与"水"组合构成"洼",那么洼的本意也就显而易见了:一是凹陷的地方,如水洼儿;二是低凹、深陷,如洼地等。圭水成洼,不能种瓜。

西洒　东边太阳西边雨,西边雨水从天空洒落大地。然而造字之人就把西字配上了三点水,这样"水"与"西"组合便成了"洒"。

回洄(音回)　"水"与"回"一起是个"洄",说明水又转回来了。顾名思义,水流回旋便是"洄"的本意。

则测　"则"遇到"水"不敢贸然行动,它需要测一测,这就是则水"测"。测:一是指测量;二是指推测。古时,"测、卜、择"三个字是通用的,是指同一件事,如标杆投下的日影形成了一个"卜"字,然后测量那个日影就是"测",测了以后记录下来便是"卦",于是根据"卦"来选择农事,决定可行还是不可行。这条山路有多长,原"则"由你去"测"量。

合洽　本来就合得好,加上水的润滑,关系就更融洽了。与谁(水)都合得来,那肯定是"洽"。

农浓　"农"加水不是冲淡了,而是更"浓"了。农无水还是农,农有水兴趣浓。

羊洋　"羊""水"组合成为"洋",说明羊也向往着洋。羊心里装着洋,羊就会喜洋洋。

军浑　为了三点水,丢了一个军,你说浑不浑!

许浒　只有"许"坐在水边才会成"浒",说明浒是水边的意思。许坐水边浒来了,浒如没水许来了。

寻浔　浔除了有水涯的意思外,还成了江西省九江市的别称。到九江寻一寻,终于寻到了浔。

劳涝　水多了,劳没了,水劳一起"涝"来了。田地被涝,庄稼被涝,辛辛苦苦的"劳"变成了水的"涝"!

涓肙　偏旁三点水,右上一个"口",右下一个"月",是"涓"。这个涓跟水有关,而且水也不大,涓是指细小的流水,如细水涓涓。月月有口水,"涓"也不后悔。

孚浮　孚是信用、为人所信服的意思。"孚"一带"水"(三点水)就"浮"了,这个浮可没有什么好名声,浮夸、浮华、浮名、心浮气躁等等都跟它有关系,孚的好名声就这样被三点水给坏了,这就是无水孚和有水浮的区别。孚对浮说:占人家便宜有什么好处? 三点你就被"浮"了!

共洪　共是同或总的意思。三点水与"共"成为"洪"是很恰当的,水都往共同的地方去了,"洪"不就来了嘛!

余涂　"余"下来的加点水(三点水),再去"涂",叫余水"涂"。人生道路自己走,人生色彩自己涂。

告浩　三点水加一个"告"是"浩",其意是告诉天下,黄河之水声势浩大,浩浩荡荡一泻千里。"告"遇"水"(三点水),浩大之势谁怕谁!

间涧　夹在两山间的水沟叫"涧"。来到此山涧,高兴嬉一天。

张涨　本来是"张",水来就"涨"了。张说:这辈子就喜欢水,有水走到哪里都是"涨"!

涩止　这个字虽然带水,但"刃"字下面有个"止",把"水"给"止"住了,因此涩的含义:一是不光滑;二是一种使舌头感到不滑润、不好受的滋味;三是文章难读懂,比较涩。这柿子没有什么好颜色,吃起来舌头也很涩。

青清　"青""水"(三点水)肯定"清"。山青青水清清,好生态让人亲。青遇谁都说不清,只有水才能把青说清。

渚煮　这两个字读音一样,音调相同,但意义不同。"者"带三点是个"渚",说明者的四周被水围着,所以渚是指水中间的小块陆地。"者"带四点是个"煮"，而且四点是在者的下面，有烧、蒸的意思，因此煮的含义：把东西放在水里，用火把水烧开，如煮饭、煮面等。大家带着菜和面，到渚地煮青菜面。

固涸（音河）　这个涸虽有水作为偏旁，但实际上是水干掉的意思。水遇上了固就把水给"涸"了。到处都是干涸之地，养鱼养虾绝对没戏！

肴淆　好端端的一个"肴"被三点水搞坏了。左边三点水，右边"有"字上面一个"乂"构成"淆"，说明有乂好还是无乂好，"淆"自己都没想好！

鱼渔　这两个字读音声调一样，但含义不同。不带"水"（三点水）的"鱼"才是真正的鱼，带"水"（三点水）的"渔"则是人们在水里捕鱼的"渔"。因为鱼本身就生活在水里，所以不需要带三点水。而人要下水才能捕到鱼，等捕到了鱼，人也沾上了水，成了带水的渔。我是渔民你是鱼，渔民捕鱼年年有鱼（余）。

炎淡　盐（炎）与水在一起肯定是"淡"。炎热的天气，需要淡淡的心气。

巷港　巷是指胡同、里弄；港是指江河支流、江海口岸。这两个字好区别也好记，巷因无水好走路，港因有水好撑船。水港水港，有水才是港，无水则是巷。

夫夹　都说男子汉大丈夫，但夫也怕点，加上两点"夫"就被"夹"了！这叫作两点夹夫。

胡湖　"胡"一有"水"（三点水）就成湖，水把胡给淹没了，"胡"就成了"湖"。胡对湖说：老天把水都给了你，你不湖谁湖！

相湘　相对湘说：相信我的人很多，但没有知名度。你倒好，有水就成了湘，一下子就名满天下，成了湘江，也成了湖南省的别称，真让人羡慕。

查渣　提出精华或汁液后剩下的东西就是渣，带"水"（三点水）"查"

为"渣"。

骨滑 滑是滑溜、狡诈的意思。三点水和一个"骨"构成"滑",说明从骨子里看就是一个滑头的人。但如果滑了一跤,摔断的还是骨头,那就再也不会滑了,所以骨与水最怕滑。

拜湃 拜与湃结成了兄弟,"拜"天天心潮澎"湃"。拜在想:给我三点水我心澎湃,不给我水只好继续拜。拜湃拜湃,没拜哪有湃。

弯湾 这两个字读音声调相同,含义也基本接近,但有区别。无水的"弯"是陆地上的弯,指的是弯曲不直;有水的"湾"是水上的湾,指的是水流弯曲的地方。河道湾湾行船难,道路弯弯行车难。

恬湉 这两个字读音声调一样,意思也差不多。恬是指安静、安然、坦然;三点水的"湉"是形容水面平静。女孩很"恬"静,湖面很"湉"静。

原源 这两个字读音声调一样,都有最初、最早开始的意思,但区别在于三点水,记住有水"源"和无水"原"的特征就可以了。原野之中找水源,分清水源有来源,原来水源是泉源,源源不断幸福源。

监滥 很严肃的一个"监"是被谁搞"滥"的?原来是被水(三点水)搞滥了。监是督察、监禁的意思;滥指的是泛滥,没有规矩的滥交、滥用。监对滥说:三点油水你就滥,看你以后怎么办!

笔滗 笔是写字画图的工具,也可以作为量词。是笔都有水,没有水的笔就没用了,因为笔的水在笔芯里面,故笔字是不带水的。三点水的滗不是真正的笔,它的含义是挡住渣滓把液体倒出来。你用"笔"把字写出来,我把中药汤"滗"出来。

益溢 "益"有水就溢出来,"益"无水就利益来。

漏雨 偏旁三点水,右边一个"尸"(尸象征房子),"尸"里面有"雨",说明外面下着雨,房子里也下着雨,可想而知是一个"漏"。

木杰　木虽然木讷,但还有补救的办法,只要四点就把"木"变成"杰"。杰是指才能出众的人。"木"踩四点,杰出超前。木杰木杰,"木"有四点马上变"杰"。

羔羊　羔是指羊羔、小羊,也泛指动物的幼儿。小羊没长尾巴,下面有四点(四点象征着奶水),有了这四点说明小羊还处于喂奶时期,所以叫"羔"。等小羊长出了尾巴,四点没了就成了羊。母羊带着羔羊在草地上晒着太阳。

蒸丞　蒸:一是指热气上升,如蒸发、蒸汽;二是指利用水蒸气的热力加热食物,如蒸饭等。这个蒸字看似复杂,其实蛮有意思,很形象也很有特点,下面四点表示火,一横表示锅,丞表示锅上的水或食物,草头表示锅盖。有火有锅有水有食物有锅盖,接下来就是"蒸"了。这个字倒过来就好记了:四点一丞草,"蒸"我忘不了。

照昭　日召四点终成"照",意思是说召来的日光照在大地上(四点象征着大地)。太阳当空照,日后多关照。日召四点是个"照",万物生长都需要。

熟孰　上面一个"孰",下面来四点,这四点可不是普通的点,而是火,是四点火,火烧"孰"的结果是"熟"了。也可以说,孰下四点熟了。

浴谷　谷离不开水,没有水,谷子无法成长成熟。谷子沐浴着水的养分与温暖,这就是谷水"浴",所以浴指洗澡。"水"(三点水)"谷"在一起,"浴"字记心里。

心　三点代表血液,心字的竖右弯钩代表心脏,意思是说心脏的血液在不停地循环,这就是"心"。心有境界行则正,腹有诗书气自华。《六祖坛经》上说:一切福田,都离不开心地。心田上播下善良的种子,总有一天,会开花结果。心好的人，内心亮、外表靓，他们用心享受，更从内心开始武装，打造自我，因为心的参与，事业显得顺达，生活有滋有味。一个用心的人，就是一个聪明幸福的人。莫言说，"心"字三个点，没有一个点不往外蹦，你越想抓牢的，往往是离开你最快的。

厌庆　可庆之事，只要偏差了一点就变得可厌。祸与福同门，利与害相邻。

燕　这个字拆开来分析很形象。"廿"是二十的意思，这里泛指数量和时间；"北"字中间插一"口"，其意是叫声从北而来；"四点底"意指南方。这三部分自上而下构成"燕"字，说明不同批次、数量不等的燕子，伴随着叫声，从北迁徙到南过冬，繁衍后代。"燕"字上小下大形如三角，这恰如大雁飞行时的"人"字形状。"燕"字的构造实在是令人拍案叫绝！

汤烫　汤下面加个火，那可真烫。吃饭不喝汤，肠胃堵得慌；饭菜吃太烫，医院跑几趟。汤对烫说：发火只能更烫！

洒洒　酒对洒说：我知道你心好，洒向人间都是爱，可我呢，凡贪我之人十有八九会倒下，这就是我比你多一横的原因。

冰火　如果把这两个字的点都去掉，剩下的就是水和人。冰与火是两重天，水与人却相融。做人一生要简单，简单的像人字一样，一撇一捺就够了。有时候往往就那么多贪了两点，就把事情给做反了，把人也搞歪了。水就是多了两点才会变成了冰，人也一样，多了两点才会火，这就是冰与火给人们的启示。

曾日　这个字有意思，两个"日"带四个小不点，其中两个小不点已出生，两个小不点还在肚子里，故上面一个"日"是躺着的，这就是"曾"字的构造。一"日"躺着怀两点，一"日"站着看两点，"曾"字马上现眼前。

第六节　分解助记

　　汉字由于一字一形、字字异形，造成了难认、难记的一面，尤其是那些笔画多、同音异义的汉字更使人眼花缭乱，难以掌握。分解助记就是要把那些难认、难读、难记的字分解开来，编成一句熟悉、好记的话来强化理解和记忆，克服今天认、明天忘，今天熟、明天生的认字难题，从而把所认之字深深地印在自己的脑海里，用到之时不费思量便跃然纸上，真正达到记字得之于心，用字应之于手。

　　筋　以字明义，"筋"在汉字里的组成方法让人拍案叫绝。竹字头是显示竹枝的左右上下之延伸，象征着人体的经络，凡骨节之处，肌肉之内，四肢百骸，几乎无处无筋；筋字的左下角是个月部首，月部首代表着人体的组织器官，月字旁参与组成脑、肝、胆、胃、肚、腿、脚等数十个人体部位名称；力泛指精力、气力，从月发出的力，古医谓之"从月从力""肉之力也"。可见筋健则体健，体健则为长寿之基底。古医有云："筋长一寸，寿延十年。"这是有道理的。

　　好　女与子组合就是"好"，说明儿女成双是好事。女子"好"是赞美女人的伟大；子女"好"是赞美家庭的和睦。"人间只有女子好"说的就是这个理。也有人说，一女子一男子在一起才算好。它还暗示人们，阴阳平衡也是好。

　　鲜　左边"鱼"泛指所有水里的鱼；右边"羊"泛指陆地上的动物。一个"鱼"，一个"羊"代表着水里的、陆地上的全都有了。那么，"鱼""羊"搭配肯定"鲜"。这个鲜充分体现了"菜肴只有鱼羊鲜"的道理。

冕　一"日"一"免"是日免"冕"。冕是指古代地位在大夫以上的官戴的礼帽,后也专指帝王的礼帽。日免冕不够,希望再加冕。有日有免给你一冕,有日无免度日如年。

契　庄稼要收割了,刀子要买得大一点,于是要和店主订一个契约,确保刀的质量,由此可知,"丰、刀、大"是一个"契"。既然是契约,双方都有责任风险,违约的要赔偿财物,那是"刀";双方都守约的,带来了互利,那是"丰",其结果"大"家都喜欢,这就是契。

暴　从上到下依次为"日共水",日共水可不是好玩的,它是一个"暴"。这个暴有许多表兄弟:加三点水是瀑布的"瀑";加个日是曝光的"曝";给它点个火则是爆炸的"爆"。有一句话叫作:"日共水",没人随,脾气"暴",躲一回。

量　一个"日",一个"一",一个"里",这三个字都跟计算有关,组合起来是个"量"。日行一里,量少无理! 旦里为量,其意是做人做事要有胆量,有胆量才能积极向上。

觊(音继)觎(音鱼)　这两个字是左右结构,左边一个是"岂",一个是"俞",右边都是"见"。"岂"与"见"构成"觊","俞"与"见"构成"觎",觊觎是指非分的希望或企图。岂俞都带剑(见),企图放长线,去掉觊觎心,做事都放心。

骚　"马""叉""虫"在一起,它们的共同点就是不停地骚动。所以,"马""叉""虫"构成的"骚"字就这样出来了。叉虫一起,马领风骚;叉虫分离,骚字解体。

驳　马一开口就说错了两个地方,马的言论就这样被"驳"回了! 左马右爻,驳你不饶。

时　在周、秦时代，"时"字用作副词，意为"在一定的时候"或者"在适当的时候"。也有人把"时"解释为"时常"。"日"与"寸"构成"时"，说明一寸光阴一寸金，寸日为时不复新。

驰　"马""也"组合是马也"驰"。驰：一是指快跑（多指车马）；二是指传播、驰名。马也驰马也驰，马的速度真神驰！马对也说：马也马也以为是我爷，原来是你这个也，也好，我俩组合叫马也驰，一下子就驰名了，何乐而不为呢！

觌（音迪）　左"卖"，右"见"，一卖就见是"觌"字。觌是相见的意思。这个字告诉我们一个道理：卖是走出去，见是相见，人要走出去才能见识更多的东西，这就是觌。卖菜见到一面，真是难得觌面，这叫作一卖就见，有缘觌面。

奀　"不""大"组合是个"奀"，顾名思义，小才会不大，奀不仅仅是小，还多用于人名。有一个教小学一年级新生的老师点名时发现"覃奀垚"三个字中一个字都不认识，于是聪明的老师只讲了一句话，学生就站起来自己报了姓名，这句话是：西早（洗澡）不大三个土。

兽　这个字要自下而上倒过来记："口一田（甜）送两点"就是"兽"。

羁　上面是"四"，下面一个"革"和一个"马"，叫四革马，这是一个"羁"字。羁是束缚、停留的意思。这马病革（病危）了四天，只好停留在原地休息，这就是"羁"。四革马成羁，一生病就医，羁留等时机，回程相互依。还有一句话叫作：舍不得革，马上会死（四）。

冀　北方的田供（共）你种，希望你种好，这就是"冀"。冀不仅仅是希望的意思，它还是河北省的别称。冀有北田共，希望你多种。

碧　碧是青绿色的意思。王白石是个碧字，齐白石是个名字。

袈裟　加沙下面各有一衣,那就是和尚披在外面的一种法衣叫"袈裟"。加沙说:即使有人送我衣穿,我也坐不改姓,行不改名,还是念"袈裟"。

皑　大雪纷飞山已白,这个"山已白"就是一个"皑"字。山都已经白了,可想而知,皑是白的意思。

厨　厂里面有豆有寸,叫厂豆寸,厂豆寸可是个"厨"字。原来厨是做饭菜的地方,难怪厂里有豆有寸(厂是房子、豆是食物、寸是衡量长短的工具)。厨也有好几个表兄弟:加个偏旁木,就成了橱柜的"橱";加个足字旁变成了踟蹰的"蹰"。

翼　"翼"由"羽、田、共"三个字构成。因为这个字里有个"羽",所以"翼"是翅膀的意思。这个字也可以这样记忆:羽田共羽田共,比翼双飞很生动!

辑　有"口"有"耳"还有"车",这就构成了"辑"。意思是说坐车下乡,说和听都很重要,要把百姓说的、自己亲耳听的都要聚集归类,编辑成资料或书。由此可见,辑是聚集、使和睦的意思。

霸　"雨"下面一个"革"和一个"月"构成"霸"。月月有雨,怎么变革也躲不过,这就是老天的霸气。天不怕地不怕,就怕雨革月称霸!

晷(音癸)　这个字从上到下可以分"日、处、口"三个字,也可以分"日、咎"两个字。晷是日影的意思。口无暇晷,天天轮回。日处口是个晷,月与退是条腿。

煚　"日、巨、火"三个字构成"煚",说明"煚"是火和日光的意思。日巨下面一个火,煚带日光也带火。

纂　"纂"字从上到下分为:竹(竹字头)、目、大、糸四个部分,把这四部分记住就知道是个"纂"字了。"竹木大糸"在一起,"纂"一出来就道喜。"竹目大糸"攥手中,"纂"字永远记心中。

棉　"木"与"帛"组合是个"棉","棉"去掉"木"是个"帛"。棉是草棉、棉花的意思,帛则是丝织品的总称。棉需经过加工去掉木才能成为帛,这叫作:去掉木,棉成帛。棉对帛说:整容有什么好,把自己都整成白巾帛啦!

靡　这个字由"广、林、非"三部分组成,也可以由"麻、非"两部分组成。"靡"是指浪费、无、倒下的意思。广林之中明是非,杜绝奢靡正气归。

黍(音薯)　这个字由"禾、人、水"三部分组成,而且人立于禾水之间。从这个字可以看出人最需要的东西:一是禾,禾是什么?能位于人之上,禾是谷类植物的统称,是人吃饭之根本;二是水,水在人之下,是人生存之基础。人在中间是因为人离不开这两样东西。这就是"禾、人、水"构成"黍"字的原因。黍子酿酒,天长地久。

燮　燮是谐和、调和的意思,属上下结构,上部分是"火言火",下部分是一个"又"。"又"顶"火言火","燮"也不恼火。两火夹一言,又说不发言,还真是燮了?

稽　稽是停留、考核、计较的意思。这个字是左右结构,左边是"禾",右边分解为"尤、旨"两个字,把禾尤旨作为一个人的名字,那么一句话就可以把稽记住了:"禾尤旨"来"稽"查了。

孬　上面一个"不",下面一个"好",到底好不好,其实是不好。"不""好"组成"孬",从字形看,孬并没有什么好的词义,它集不好、坏、怯懦、没有勇气于一身。经常有人说:不好的是孬种!但有骨气的人却不这么认为:不要以为我穷,我可不是孬种。不对好说:我俩分开是"不好",但合起来变成了孬种的"孬",反而更糟糕,真是造字弄人啊!

韭　"非"下一横成了"韭",一条道路走到头,被人割了韭菜头,不知谁为谁发愁。有人说,非有一垫底,"韭"字献给你。

伸　一个单人旁和一个"申"构成"伸",说明人是能屈能伸的汉子。

佣　一个单人旁和一个"用"组合为"佣",说明人是有用的。归你用,我就是佣人,你付佣金;归我用,你是佣人,我付你佣金。有人说:人若被用,即成"佣"人。还有人说:提手旁边一个"用",说明用到的时候,会有人给你拥有的一切。

位　这个字有个性,寓意也深。"人"与"立"一起,看似立其实是"位"。古代"立"与"位"相通用,可以理解为地位、官位、声望等意思,也可以引申为"站立"的意思。子曰:"不患无位,患所以立;不患莫己知,求为可知也。"其中"不患无位,患所以立"可以理解为一种社会的认同度。其意是:不要去经常担心自己没有地位,没得到社会和大家的认同,而应该担心和在意的是自己凭什么去"立"于社会。立有目标,立有立场,这样的人不怕没位置。人三十而立,这个"立"就是指各项事业都取得了成效,这样的人才有位置和地位。反之就是坐在位置上也是徒有虚名。真正的位置是立人立事干出来的,这就是立有位、坐无位的辩证法,也是人立"位"的真正含义。有道是:树无根不活,人无志不立。只有自立,别人心中才有你的位置!有人说,"人"站在那里,表示了人的所在,也表示了对人的尊称,这就是"位"。

住　一个单人旁加一个"土",说明这里是人做主的地方,所以要"住"在这里。从夏商周开始,中国建筑步入大发展时期,并初步表现出中国建筑的某些重要的艺术特征,如方整规划的庭院,中轴对称的布局,木梁架的结构体系等。那时的建筑不仅体现"天人合一"的思想,也在细节上张扬着个性。你看"住"字中的"主"字,上面一"点"表示屋顶,"王"表示方方正正的房子,再配上单人旁,表明这里就是人"住"的地方。有人住就有人来来去去,"双人旁"与"主"巧妙地结合在一起,成了一个"往"字。

短　这个字有意思,也有特点。左偏旁是矢,矢:一是指箭,如有的放矢;二是指发誓,如矢口抵赖。矢还有快的意思。右边一个"豆",豆的形状又小又不长,所以"矢"与"豆"组合成"短"字是最恰当不过的。我们还可以从这个"短"字的意义中感悟到许多人生的哲理:一天很短,短得来不及拥抱清晨就已经手握黄昏;一年很短,短得来不及细品初春到殷红窦绿就要打点素裹秋霜;一生很短,短得来不及享用美好年华就已经身处迟暮。想想,总是经过得太快,领悟得太晚,所以我们要学会珍惜,珍惜人生路上的亲情、友情、爱情、同事情、同学情,一旦擦身而过,也许永不邂逅。希望大家且行且珍惜,且活且感恩。

侈　侈是浪费、夸大的意思。从字面看,哪怕多一人也是"侈"!

侘　这个字还蛮有意思,一"人"一"宅"构成"侘"。侘形容失意,宅指的是住所。人失意的时候就会宅在家里不出门成为"侘"。

佼　佼是美好的意思。一个单人旁,一个"交",说明人交好运总是美好的,这正是"佼"的含义。

保　呆人(单人旁)来了,保开始了,这就是人呆"保"。有人说,人生在世,不要事事精明、事事计较,傻呆一点反而有人"保"。

俸　"人""奉"成为"俸",得到了俸禄是因为奉献了自己的智慧和力量。

债　欠别人的钱,有责任去还,这就是"债",也是做人的责任。

赢　"亡口月贝凡"五个字组成一个字,那就是"赢",这是人生赢家必备的五种素质和能力。为什么会赢？一是要有存亡的意识,时刻有危机感;二是既要有沟通能力又要管好自己的口,牢记病从口入、祸从口出的思想;三是做人做事都要有时间观念,这就是月;四是要有比较理智的金钱观,防止在金钱面前摔跟头,这是贝;五是凡事都要有一颗平常的心,做到平凡做人,平常做事。

幂　幂:一是指覆盖东西的巾;二是动词,表示覆盖、遮盖;三是表示一个数自乘若干次的形式。日大巾上秃宝盖,幂的意思全覆盖。"秃宝盖"下"日大巾",一见"幂"字就放心。

诟　一个言字旁和一个"后"构成"诟"。从字形看,这个字似乎是指背后说话,其实,这个字是耻辱、辱骂的意思。背后说话没数,日后必将被诟。

劈　上面一个"辟",下面一把"刀",是辟刀"劈"。劈柴水平高不高,关键要有好劈刀。

募　"草字头"在上,"日、大、力"在下构成"募"。从字面看,每日割草都要出大力;从字义看,募是广泛征求的意思。日出大力是为了草(草字头),提倡募捐是为了好。

悫(音确)　剩下一个壳,心还在,这就是"悫"。悫是诚实、谨慎的意思。"壳""心"在一起,"悫"要记心里。

懿　左边一个"壹",右上角是"次",下面是"心",构成"懿"。懿是美好的意思,如懿行、懿德等。懿是壹次心,真情动我心。

摁　摁是用手按压的意思。恩人出手(提手旁)摁手印,保你日后事业兴。手边一个恩,"摁"字也有恩。

秋　金灿灿的庄稼成熟了,果实也红透了,远眺像是红彤彤的火焰在跳跃,这就是"禾"与"火"构成"秋"的景色。

蕈　一草一西一早叫草西早(谐音"草洗澡"),"草、西、早"是个"蕈"字。蕈是生长在树林里或草地上的某些高等菌类植物,形状略像伞,种类很多,有些可以吃,有些含毒素不可以吃。覃字加个草字头,蕈就马上露出头。

射　身跟寸一样长的东西是什么？一般是子弹。子弹需要枪把它射出去，这就是"射"的本意。只有身寸长，射击最擅长。有人根据会意字结构的特点，指出"矮"与"射"是互为错位的两个字。即是说，在当初，"矮"是表射意，应读"射"的音；"射"是表矮意，应读"矮"音。其实这样说是有点道理的，我们不妨从汉字结构的角度去分析："矮"是指箭头（矢）搭（委）在弓上；"射"是指身子只有一寸长。

蛰　上面一个"执"，下面一个"虫"，构成"蛰"。这里的执是执意的意思，说明虫执意伏着，不食不动，进入冬眠状态，这就是蛰。

捉　提手旁加"足"是"捉"。这个字告诉我们：手足并用才能捉住东西。

噪　这个字有意思，一木顶三口，边上还有一口，说明"噪"来了。四张口把人都吵木（晕）了，叫四口一木噪。四面都是噪音，吵得大家烦心！

岖　一个山一个区，合在一起是个"岖"。山区山区，道路崎岖！

岸　山厂干，原来是个"岸"！山厂边上干，原来是河岸。

徽　这个字和微小的"微"很像，唯一的不同就是中间部分的下面换掉了。其实这算形声字。声旁就是"微"省掉一部分。形旁就是这下边被换掉的部分，一个绞丝。一看就知道，这字和丝线有关。《说文解字》说道："徽，三股绳也。"说明其本义是几股绳子缠在一起。徽是一个好字眼，有美好的意思。

德　十四一心加个双人旁就是"德"。"德"字的意义是表示好行为的成果和作用。古人解释："德者，得也。""德"的概念产生得很早，早在《尚书·皋陶谟》中就提出了"九德"的概念，"德"字产生以后，逐渐演化成为一个十分重要的政治和伦理概念。在古代"德"不仅指人的修养品行，更是指对天道、自然规律的把握。现代对"德"的理解为：一是好的品行；二是道德；三是信念。这个德字很有意思,它告诉人们:靠一个人的德无法形成氛围,所以德是双人旁。德的右边自上而下是十四一心,意思是说要靠众人一心去努力才能使德大行于天下,实现人人都有好品行的和谐社会。有句经典的话叫作:道德常常能弥补智慧的缺陷,而聪明却永远填补不了道德的空白。有德千里不觉远,无德寸步都难行。这就是有德兴天下,无德败天下的人生哲理。

衢　有人感慨地说:"行在衢城,两目中处处鸟语花香(隹是指短尾巴的鸟),这是一个名副其实的多样性生物宜居的生态城啊!"行字分两边,瞿字居中间,猜猜什么字,原来是个"衢"。

猾　"骨"与反犬旁构成猾,说明这个字非同一般,它的一切想法做法都是从骨子里出来的,有着刻骨的猾。从字义看,猾指的是狡猾、奸诈,是贬义词。"骨"带反犬旁,"猾"字人人防!

㢧(音意)　"广、田、共"构成"㢧",㢧是恭敬的意思。从字的结构看,㢧似乎还有一种意思,那就是广泛之田共同耕种,这也是㢧对大家的恭敬。㢧说:我是广田共,广泛之田共同种。

庞　"广"与"龙"在一起,庞大的意思就出来了。广是指宽度、大,如广袤(东西叫广,南北叫袤);龙是庞然大物,如恐龙、翼龙等。庞里面有龙,那是庞龙。"广""龙"在一起,"庞"字记心底。

忉(音刀)　心(竖心旁)里一把刀,是一把忧愁、焦虑的"忉"。心愁如忉,做事糟糕。心刀搭配,忧愁一辈。

眯　米是很小的,它跟"目"组合成为"眯",说明眼睛像米一样小,眯着眼看东西。目米眯,眯什么,眯眼睛,看得清。目见米小,眯着眼瞧。

瞰　瞰是望、俯视、向下看的意思。目敢往下看,那就是目敢瞰。敢目

171

搭配,俯瞰不累。

番　采田都采番了,那叫采田"番"。专家指导一番,产量翻了一番。田中采,肯定番。采田为番,稻花飘香。

锈　秀本来很优秀,但加了一个金字旁,"秀"就成了另外一个"锈",这个锈是指金属表面所生的氧化物,如铁锈、铜锈等。无金很优"秀",有金就生"锈"。说明这个秀被金钱打倒,满身生锈。锁锈不要紧,心锈步难行。锈非常痛心地对秀说:后悔啊!贪了那点金,满身锈迹斑斑,成了千古罪人!

乘　"北"字分两边,放在"禾"字腰中间,禾北整合走在先,乘字又把新意添。

稳　禾在水里生长,怎么会急呢?禾不但不急,反而更稳了,因为有禾在,急就没用了,这叫作急配禾稳中求和。急对禾说:有你在身边,有急也靠边,往后"稳"字记心间!

黏(音年)　偏旁是黍(黍可分解为禾、人、水三部分),形旁是占,两个字构成"黏"。黏是指像胶水或糨糊一类性质的东西,如黏液。占了禾人水,黏你谁怕谁!

馥　偏旁香,香是气味好闻,味道好;形旁复,复是回去,返的意思。"香"与"复"构成"馥",说明"馥"是一个好字眼,它香气浓厚,循环往复,沁人心脾。这就是香复"馥"的含义。

颌(音伪)　一个"危"一个"页"构成"颌",颌是安静的意思。危页这两个互不关联的字,能走到一起成为"颌"字,可能只有一种解说,那就是危险的一页已过去,可以安静下来了。

虔(音前)　虎字头下面一个"文",说明虎也有文的一面,而且虔诚、虔心。

蚓　把虫引出来,一看就知道是条蚯蚓。

蛀　虫一样懒的人一旦做主,就会像蛀虫一样慢慢地把事业蛀空、蛀完。这就是虫主"蛀"。

等　一片翠竹,一座古寺,让人心静,心静才能等。竹字头下有一"寺",竹寺一起"等"就是。

筏　竹字头下面一个"伐",这个"伐"是甲骨文中用刀砍头的象形字,是砍和征讨的意思。"伐"加个竹头就成了另外一个"筏",这个"筏"则是指水上的交通工具。砍伐竹子做竹筏,坐上竹筏去讨伐。

相　"木"与"目"组合是个"相",叫木目"相"。相有许多表姐妹:天上下个雨,相就成"霜";下面来个心,相就成"想"。

鼻　这个字看上去难写难记,其实记住"自畀"两个字就行了。上面是自己的"自",下面是一个"畀"(畀和闭同音),读自畀(自闭)就知道是"鼻"字了。

篡　这个字自上而下请记住以下四部分:竹(竹字头)、目、大、厶(这个厶是私的古字,也念私),"竹目大厶"是个"篡"字,篡是指用阴谋手段夺取地位或权力,如篡位、篡权、篡改等。厚着脸皮,篡改试题。竹目大厶,篡很自私。

馨　馨是指散布很远的香气。这个字上部分是"声"和"殳",下部分是"香","声、殳、香"构成"馨",说明香气像声音一样散发传播得很远。环境温馨,住得开心。声殳香声殳香,馨字妈妈最喜欢。

嚼　这个字的本义是用牙齿磨碎食物,引申义是嚼舌、信口胡说、搬弄是非。其结构是左边一个"口",右边上部分是古时野兽的"爪"子和"四",下部分的左边是"艮",右边是"寸"。一个口字旁,爪子下面四艮寸。爪子下面四艮寸,嚼来嚼去失分寸。

扈(音沪) 这个字可以用"户、口、巴"组合,也可以用"户、邑"组合,"扈"是随从的意思,如扈从。户口下面一个巴,扈字经常陪伴它。

颦 这个字蛮有意思,上部分一个"步"和一个"页",下部分是一个"卑",即"步、页、卑"构成"颦"。颦是指皱眉头。记住这个字不难,有一句话叫作:东施效颦步也(页)卑。

稘(音机) 左边"禾",右边上部分是一个"尤",下部分是一个"山",叫禾尤山稘。禾尤山禾尤山,稘姓把你当靠山。

戴 "裁字头"下有"田""共"(供),披星"戴"月在劳动。

俗 这个"俗"字很有意思,它告诉我们:人都为了吃,那就太俗了,因为"人"和"谷"就是"俗"。

朵(音噶) 上小下小中间大是"朵"。朵是一种儿童玩具,两头小中间大,也叫朵儿。

恕 女口如心,"恕"也。"如心"指的是把别人当作和自己一样的有喜怒哀乐的人看待,约束性的道德规范是其内涵的一方面,另一方面其实也是一种移情思考、换位思考的能力。也就是说,人要将心比心,相互理解,做人、做事都应该有这份胸襟。《卫灵公》载:子贡问曰:"有一言而可以终身行之乎?"子曰:"其恕乎! 己所不欲,勿施于人。"更是直接定义了恕的含义。其实"忍"也包含在孔子的"忠恕之道"中的"恕"中。"恕"就是要推己及人,自己不想要的,不施加给别人,要"克己",这就是"忍",做到"君子成人之美,不成人之恶"。曾国藩处世常以"恕"字自惕,他说,我要步步站得稳,须知他人也要站得稳,这就是"立"。我要处处行得通,须知他人也要行得通,这就是"达"。这也正符合了中庸思想中"忠恕"的内涵。

树　这个字可由"木、又、寸"构成,也可由"木、对"构成。木与又搭配是"权",与寸搭配是"村",又与寸搭配是"对"。这个"树"可以分解为七个字:又、对、木、寸、村、树、权。树想:权用对了是村民的福分,这典型一定要"树"立!

靴　一个"革"一个"化"构成"靴"。如在革化之间插一个命,那就是革命化,再把命拿掉,剩下的就是靴。

湍　三点水、一个"山"、一个"而"构成"湍",湍指急流的水,说明山水急流而下就是湍。

凌　偏旁两点,形旁自上而下为"土、八、折文"三部分,"凌"晨"两点","土""八"来送"折文"。

甬　甬:一是指院落中用砖石砌成的路,叫"甬路",也指走廊,过道、甬道等;二是指宁波市的别称。一句话叫作:"走""甬"道肯定"通"。

衮　"衮"是指古代君王的礼服,如衮服。衣撑开,公进来,要把"衮"服穿。

瞐(音陌)　三个"目"构成"瞐"字,它是最"迷"人的一个汉字,意为"美丽的眼睛",目光深邃的样子。

畾(音雷)　三"田"成"畾",这是个最接地气的汉字,古同"雷"和"垒"。目之所及,皆是田野,土地广袤无垠,这个字就指田间的土地,也指古代一种藤制的筐子。

孨　虽有三子,但还是最"孤单"的汉字,指孤苦可怜。

掱　这是最"偷摸"的汉字,指扒手、贴身的小偷。字中两只手表示"正常的手",掩护的手,第三只手表示"偷窃之手",从别人身上窃取不义之财。

惢　这是最多心的汉字,这个字有两种读音,当读作 suǒ 时,表示疑虑,

"内有惢,下有事"。读作 ruǐ 时通"蕊",是古代的一种祭祀,"秋至而禾熟,天子祀于太惢"。

槑(音梅) 这是"梅"的异体字,也是网络热词。该字来源于陕西、山东方言,形容人不善言辞,特别呆笨的意思。呆呆一起,槑也欢喜;呆呆不坏,槑得可爱。

雍 京字头下有"乡""隹","雍"为上。

列 "歹"带"刂"(立刀),列出来!

剂 一刀下去就齐了,这叫调"剂"。

隆 偏旁耳朵,右边自上而下为"折文、一、生"三部分。折文下面过一生,这是"隆"亲耳听到的。

曹 这个字里面隐藏着一个"曲"字,"曲"上有一横,"曲"下有一"日",那便是"曹"。如有谁带着"曹"走,那就"遭"了!

愣 这个字由竖心旁、四与方构成。愣:一是指呆、失神,如两眼发愣等;二是指鲁莽,说话做事不考虑对错,愣头愣脑的。竖心旁边有四方,记住"愣"字心不慌。

剃 弟拿着刀为人家剃头。这个剃也好记,叫弟刀"剃"。

熙 一个"臣"、一个"巳"加上"四点底"构成"熙",熙是光明、和乐的意思。臣巳有了四点底,熙熙攘攘心欢喜。

邂 表面上看,走是解决问题的最好方法,因为邂是没约会而遇到的意思,故邂遇的可能性还是很大的。走解遇"邂",难得相见。

鼹 这是鼹鼠的"鼹",因是鼠类,故偏旁是"鼠"字,右边上部分是一个"日",下部分是一个"安",说明鼹鼠的习性是白天安心休息夜间开始觅食。

鬻(音遇) 这个字是卖的意思。为了米,把鬲卖了(鬲是指鼎一类的东西),两老背也弓了,只好卖儿"鬻"女了!

头　这个字中隐含着一个"人"字,一横是指人的一字肩,两点象征着人的两眼,因为人总习惯于向左看,故两点就点在了头的左边。

痕　艮一生病肯定留下疤"痕"。

窘　君在煤洞深穴里拼命打工,结果还是一个"窘"!

欲　欠人谷物不还,这是"欲"。私欲如山谷,再怎么填也觉得欠点什么,所谓"欲壑难填",过度的欲望会带人走向罪恶的深渊。人心不足蛇吞象,世事到头螳捕蝉!

胤(音印)　胤是指后代。这个字看似难记,拆开来就容易了:幺月插在儿中间,胤儿马上来身边。

班　有一师傅(指中间竖撇)带了一个小徒弟(中间小点),还有两个王姓打杂的,便是一个"班"。

陋　"陋"字由"耳朵旁、竖折、丙"三部分组成。其意有三:一是指丑的、坏的、不文明的,如陋规、陋习等;二是指少、简略,如学识浅陋、因陋就简、孤陋寡闻等;三是指狭小,如陋室、陋巷等。把这个字拆开来分析:竖折代表房子,但又不是完全封闭的;丙字中上面一横表示房顶,里面住着人,同字框代表家具;因房子太狭小,讲话都要被外面听到,故有了耳朵旁,这就是"陋"。因为房子是人住的,恰好丙字中有人,故把丙放到陋字中是最合适的。丙想:隔墙有耳是因陋室太小啊!

尥(音料)　"九"是数目字,也表示多次或多数的意思。"勺"是指一种有柄的可以舀取东西的器具。九与勺这两个字合成"尥"字,有点令人费解,可能勺掉到九里触怒了九,才使九尥起了蹶子。尥是指骡马等跳起来用后腿向后踢的意思。九勺一起尥,看你怎么闹!

贰　"贰"在古文里有"不忠心"的意思,拆开来看,"贰"就是为了"贝"(钱)拿着"二"支"戈"。

我　我是自己的意思。这个字拆开来看,左边是"手",右边是"戈"(戈是指古代的一种兵器),手不离戈,戈不离手,这就是"我"。"犯我者,必以戈而回之!""我"是这么想的! 莫言说,"我"字丢了一撇,成了"找"字,为找回那一撇,我问了许多人,那一撇代表什么? 被问之人都说是金钱、地位、权力、名气、荣誉等,但生活告诉我,那一撇是健康与快乐。

运用汉字

如果一种文字能适应它所代表的语言的特点，能在发展中不断地、充分地改进自己，使其能够满足人们的需要，它就会长期存在下去。否则，它就会丧失生命力，为别的文字系统所取代。那么，如何使文字保持鲜活、旺盛的生命力呢？那就是运用。运用好文字，才能创新和完善文字系统，使文字得以传承。

第一节　汉字的运用

随着时代的发展,汉字运用的领域范围也在不断地拓展,以满足人们日常生活中对汉字运用的需要。

1.汉字运用于书写

汉字呈方块形,笔画集中,结构浓缩,每个字写起来所占的面积小,可横写,也可以竖写,汉字书法作品还是一种艺术品,这些是汉字在书写方面的优点。虽然有些字字形相似,容易写错,如"辨、辫、辩、瓣""崇、祟""管、菅"等,但毕竟是少数,只要留心分辨,还是可以分清的。

2.汉字运用于阅读

我们看一篇用汉字写的文章,只需用眼睛扫一扫,就能大概了解它讲的是什么内容。为什么汉字可以扫读呢?这跟汉字的特点有关:一是汉字结构的密集性使汉字能成为方块形,方块形是平面的,储存的信息量大,节省目力,所以有利于阅读,特别有利于扫读;二是汉字形体之间的区别一般都较大,就像一群人,个个面孔不同,这就使汉字个性突出,形象鲜明,所以视觉分辨率高。汉字虽然也有相似形体,如"己、已、巳"一类,但出现的频率比较低。文字是记录语言的,汉字总是伴随词语出现,在词语中,即使出现相似形体,也不影响扫读。比如"自己""已经"等词,不必细看词中"己""已"的字形,一望就能了解词义。不过汉字难学难记主要在初学阶段,只要闯过了识字关,再遇新字就不那么难记住了,特别是掌握了字形结构以后,就会触类旁通,记住一批一批的字。

3.汉字运用于计算机等领域

从语言学角度来说,信息化社会最主要的特征就是利用电子计算机等先进工具对语言文字信息进行各种处理，目的是建立现代化语言信息系统，使语言文字得到最佳利用，使凝聚在语言文字中的信息发挥最大效能。

第二节　从字形、字音、字义三方面去辨析，强化汉字的记忆

错别字中，形似字和同音字造成的错误率最高。因此，要正确区别形似字和同音字，就必须从字形、字音、字义三方面去辨析，才能做到不误字形、不误字音、不误字义。

1.从字形上分辨

"戈"如去掉一点所构成的字只有一个"尧"，"尧"又可作为构字部件构成"浇、烧、骁、晓、跷、挠、饶、绕、翘"等字。用"戈"构成的字有"划、找、戏、战、或、惑、戎、绒、戡、嘎"等字。上述各字在部件的分布上有明显的规律，"戈"去掉一点的字都出现在字的上部，其他部位绝不出现，而"戈"出现的部位较多，但绝不出现在字的上部，二者正好形成互补。注意到这一点就可以掌握这两种形似部件。"舟"与"丹"是一对形似部件，差别只在多一撇少一撇。用"舟"作为构字部件构成"船、艇、舢、舰、航、舱"等字。用"丹"构成有"彤"等字。凡用"舟"作部件构成的字大都与水的交通工具有关，而"丹"则不会。记住这一点就不会"舟""丹"不分，也不会搞错由这两个部件所构成的字。

2.从字音上分辨

"亨"与"享"是一对形似字，差别只在中间有无一横。凡是由"亨"构成的形声字都是 eng 韵，如"烹、哼"等。由"享"组成的形声字，如"淳、谆、埻"等，这些字尽管声母不同，但韵母均为 ng，而没有读成 eng 的。我们可以利

用含"亨"与含"享"的字在读音上的区别分辨这一组形似字,即读 eng 韵的字是"亨",读 ng 韵的字是"享"。

3.从字义上分辨

"乌"和"鸟"是一对形近字,可以从两个字的字义来帮助辨别字形。"乌"的本义是孝乌(即乌鸦)。因为乌鸦全身都是黑的,故黑色的眼睛就不突出了,就写成了不点睛的"乌"。而"鸟"的颜色各种各样,其黑色的眼睛显得格外突出,故写成点睛的"鸟"。"乌"的引申义为黑色,用"乌"构成的词语,如"乌云、乌木、乌发、乌黑、乌金、乌柏、乌亮、乌贼、乌鸦、乌烟瘴气"等,"乌"都是表黑色之义。

形声字的形旁跟字义有关,分辨形似字,就可以利用形旁的意义来辨别字形。例如,"粟"和"栗"形体相似,容易相混,但"粟"是一种粮食,就是小米,所以其下从"米","栗"是一种树,所以其下从"木"。明白了这一点,就不会把"沧海一粟"写成"沧海一栗"了。凡形旁是"目"的字,其字义一般跟眼睛有关,凡形旁是"贝"的字,其字义一般跟财货有关。所以,瞻仰的"瞻",眨眼的"眨"其形旁都是"目",赡养的"赡",贬值的"贬",其形旁都是"贝"。许多形似字,都可以利用形声字形旁的意义加以辨别。因音同音近而误的错别字是由于不了解字义造成的,因此,明了字义同掌握字的写法二者是密切相关的。例如,常见有把"汗流浃背"写成"汗流夹背"的,如果明白"浃"是湿透的意思,就不会错写为"夹"了。"一唱一和"常误写为"一唱一合",如果明白"和"是跟着唱的意思,也就不会错写为"合"了。又如"变本加厉"常被写作"变本加利",须知"厉"是厉害、严重的意思,"变本加厉"是变得比本来更加厉害的意思,所以就不能写为"变本加利"。

分辨形似字同音字除了从字形、字音、字义三方面去分辨外,还可以利用口诀去分辨。例如,分辨"己、已、巳"的口诀是:封巳不封己,半封是个已。分辨"戌、戍、戊、戎"的口诀是:横戌、点戍、戊中空,十字交叉便是戎。这些口诀都起到了区别形似字的作用。

第三节　识字教学的方法

汉字是最富有生命力的文字之一,是中华民族文化与文明传承的精髓。让学生从小规范使用汉字是对祖国传统文化最好的传承。因此,规范识字、写字教学,应从小抓起,从基础教育抓起,引导学生掌握正确的识字、写字方法,培养学生独立记字、用字的能力。

1. 贴近家庭,在多彩的生活中识字、记字

家庭是学生最为熟悉的生活环境,家里的日用品、摆设以及各种家用电器都是学生最好的识字、记字材料。要想激发学生的识字兴趣,可以在家里常用的物品上标上注有拼音的汉字,如门、窗、杯子、床等,让学生在家里也仿佛身处汉字的王国。还可以联系生活来识字、记字,如看到杯子实物后,认识了"杯"字,然后拆字识记"不"和"木"。如果家长能有意识地为孩子们营造一个识字、记字的氛围,接触汉字,识记汉字一定能给孩子很多乐趣。这样不仅能为学生提供大量的汉字信息,还能让学生在游戏、生活中自然地识字、记字。

2. 明确任务,在良好的氛围中识字、记字

学校是规范汉字使用和书写的重要阵地,教师不能忽略识字、写字教学,应该做好示范,帮助学生打好识写汉字的基础。识字、写字是语文学习的一项重要任务。

首先，教师要集思广益，让学生打下扎实的、可持续发展的识字基础。认识汉字对于七八岁的小学生来说并非易事，激发学生识字兴趣，让学生学会恰当的识字方法，培养学生自主识字的能力是小学阶段的重要教学任务之一。

要增加趣味，激发学生识字的动力。低年级学生天真好动，富有好奇心，针对他们生理、心理特点，借助游戏、表演、动作等多种不同的形式，可以协调学生眼、口、手、脑各种器官。我在导入教学前经常采用猜字谜游戏、编顺口溜的形式来激发学生的识字、记字兴趣。如用"羊字没尾巴，大字在底下"来猜"美"字，用"一口吃掉牛尾巴"来猜"告"字。这样一个个小游戏环节，让学生对识记字产生好感，学习起来也很投入。

要重视方法，培养学生识字、记字的能力。学生是语文学习的主人，课堂的主角应该是学生而不是教师，重视学生的自主发展已成为语文教学改革的主流意识。因此，在教学中，采用图文结合、表演配合、与生活融合等方法，让学生在实践中主动获取知识，形成能力。在教学"瓜"字时，我采用图文结合的方法，先用投影出示弯弯的瓜藤，接着动画出示在弯弯曲曲的瓜藤中间结出了一个瓜，然后旁边出示生字"瓜"，让学生观察字和图片的关系。学生通过比较和联想把弯弯曲曲的瓜藤和"瓜"字的外形联系了起来。

生活中还有很多识字、认字的机会。路上的交通指示牌、街边的广告牌、商铺的招牌都是源源不断的识字机会。教师要指导学生借助社会这个大环境，多动口、勤动脑，做个有心人，就会学到很多字。

其次，教师要示范引领学生掌握基本的书写技能，养成良好的书写习惯。亲自示范，打好学生写字的基础。在小学低年级的写字教学中，教师要在田字格里示范写生字。如在课内指导写"把"字时，可以先提醒学生注意观察"把"是左右结构，写的时候要左窄右宽。教师不仅要在黑板上书写，而且要告诉学生从何起笔，这是很重要的。小学生的模仿能力很强，看清楚每个笔画的起笔、落笔，注意汉字在田字格中的位置，然后描红临摹就不难了。所以教师亲自示范是指导写字很重要的一个环节，要关注每个学生，让他们看清每一笔在什么位置后方可动手描红仿写，还要巡视学生的写字姿势。

结合育人，习字可以提升学生的文化素质。写字是一件"细活"，学生通过静心习字，能戒除浮躁心理，逐步体会到"宁静致远"的意境。每次课堂写字之前，教师都要提醒学生保持正确的坐姿和写字习惯。小学生比较容易记背儿歌，所以几句简单的习惯小口令可以帮助他们，如"小手放放好，小脚并并拢"，又如"一拳一尺一寸记在心"等。学生背背小口令，使心静下来，身体坐正了，手放平了，写的字也能端端正正了。在学生对写字产生一定兴趣时，教师要抓住这一教学契机，开展"端端正正写字，堂堂正正做人"写字比赛，让学生临摹生字，展示良好的写字习惯和书写水平，既鼓励学生把字练好，又叮嘱学生细心观察，长期坚持，自然会形成做事认真的好作风。学生为了不断地进步，就会克服困难，努力地练下去，自然养成不怕困难、吃苦耐劳的精神和顽强的意志。这样，真正做到了练字即炼心，提升了学生的文化素养。

第四节　辨析最容易混淆的汉字词组

一些同音字，单独使用还比较容易掌握和分辨，但搭配成词组就会产生模棱两可的感觉，混淆不清，经常出错，这其实是因对字的记忆、熟悉、理解程度不深所造成的。俗话说，字因不用而荒疏，业因不精而荒废。因此，只有真正把那些容易记错、用错的字形、字义搞明白,强化多写、多用、多记,类似问题就会迎刃而解。下面所列的就是一些经常用错的汉字词组。

错误	正确	错误	正确
搏弈	博弈	松驰	松弛
布署	部署	打腊	打蜡
复盖	覆盖	蜇伏	蛰伏
蜂涌	蜂拥	装祯	装帧
凭添	平添	膺品	赝品
脉膊	脉搏	发韧	发轫
安祥	安详	震憾	震撼
脏款	赃款	防碍	妨碍
九宵	九霄	渲泄	宣泄
九洲	九州	侧隐	恻隐
追塑	追溯	复灭	覆灭
精萃	精粹	凑和	凑合
偶而	偶尔	家俱	家具
迁徒	迁徙	亲眛	青睐
蒜台	蒜薹	嗑巴	磕巴
坐阵	坐镇	颂读	诵读
幅射	辐射	人材	人才
重迭	重叠	杀戳	杀戮
既使	即使	座落	坐落
迷团	谜团	痉孪	痉挛
气慨	气概	寒喧	寒暄
得瑟	嘚瑟	侯车	候车
合谐	和谐	趟水	蹚水
修茸	修葺	雾松	雾凇
弦律	旋律	罗嗦	啰嗦
精减	精简	粗旷	粗犷
按装	安装	严竣	严峻
惊谔	惊愕	小俩口	小两口

错误	正确	错误	正确
精典	经典	黄埔江	黄浦江
夜霄	夜宵	泊来品	舶来品
莫虚有	莫须有	做月子	坐月子
金钢钻	金刚钻	爱滋病	艾滋病
哈蜜瓜	哈密瓜	入场卷	入场券
三步曲	三部曲	磬竹难书	罄竹难书
渡假村	度假村	一股作气	一鼓作气
名信片	明信片	专横拔扈	专横跋扈
穿流不息	川流不息	出奇不意	出其不意
按步就班	按部就班	奴颜卑膝	奴颜婢膝
不无稗益	不无裨益	娇揉造作	矫揉造作
言简意骇	言简意赅	图文并貌	图文并茂
黄浦军校	黄埔军校	蓬壁生辉	蓬荜生辉
金壁辉煌	金碧辉煌	两全齐美	两全其美
声名雀起	声名鹊起	兰天白云	蓝天白云
雍荣华贵	雍容华贵	闻名遐尔	闻名遐迩
死皮癫脸	死皮赖脸	站稳脚根	站稳脚跟
貌和神离	貌合神离	沤心沥血	呕心沥血
挑肥捡瘦	挑肥拣瘦	黄梁美梦	黄粱美梦
甘败下风	甘拜下风	细水常流	细水长流
不径而走	不胫而走	鬼鬼崇崇	鬼鬼祟祟
相辅相承	相辅相成	相形见拙	相形见绌
烩炙人口	脍炙人口	姿意妄为	恣意妄为
人情事故	人情世故	人才倍出	人才辈出
一愁莫展	一筹莫展	一如继往	一如既往
一诺千斤	一诺千金	对薄公堂	对簿公堂
心力交悴	心力交瘁	美伦美奂	美轮美奂
悬梁刺骨	悬梁刺股	楞头楞脑	愣头愣脑
再接再励	再接再厉	按耐不住	按捺不住
滥芋充数	滥竽充数	旁证博引	旁征博引

错误	正确	错误	正确
嘎然而止	戛然而止	直接了当	直截了当
金榜提名	金榜题名	不能自已	不能自已
惊若寒蝉	噤若寒蝉	谈笑风声	谈笑风生
世外桃园	世外桃源	洁白无暇	洁白无瑕
草管人命	草菅人命	萎糜不振	萎靡不振
不落巢臼	不落窠臼	默守成规	墨守成规
随声附合	随声附和	迫不急待	迫不及待
蛛丝蚂迹	蛛丝马迹	六根清静	六根清净
针贬时弊	针砭时弊	食不裹腹	食不果腹
一幅对联	一副对联	天翻地复	天翻地覆
鼎立相助	鼎力相助	天之娇子	天之骄子
前扑后继	前仆后继	竭泽而鱼	竭泽而渔
既往不纠	既往不咎	有错必究	有错必纠
同仇敌慨	同仇敌忾	无所不用其及	无所不用其极

第五节　智慧文字，启迪人生

文字是一个民族的精神象征,也是一个民族的面孔和灵魂,没有汉字也就不会有辉煌灿烂的中国古代文明,可以说汉字是中华文明之母。就这个意义上讲,令中华民族自豪的四大发明都可以说是汉字这个大发明的衍生物。汉字除了本身的语言外,还缊藏着祖先许多深刻的智慧和丰富的人生哲理。参悟汉字玄机,不仅能体会到古老文字的智慧,也更能感受到中华民族源远流长的灿烂文化,从而懂得怎样做人、怎样处世、怎样从智慧的文字中启迪我们的人生。

1. 汉字是"字""人"合一的交际工具

汉字作为交际工具,为中华民族服务了几千年,其历史功绩不言而喻。

汉字不仅为我们民族保存了丰富的文化遗产，也为我们这样一个多方言国家的统一起到了积极作用。今天，汉字仍是我国人民政治、经济、文化生活中广泛使用的文字工具，发挥着无可替代的作用。汉字有着如此顽强的生命力，历经几千年而不衰主要得益于我们祖先独特的造字方法。

汉字的"形、音、义"是内外统一的结合体，且每个字都有自己的特点和特色，就像我们人一样，个个面孔不同，个性突出，形象鲜明，视觉分辨率高。汉字的演变与人类自身的发展相辅相成，人类不断地进化，汉字也随之不断地完善。随着计算机网络的普及和广泛使用，出现了许多网络新词语，这些新词语经过大浪淘沙，有的慢慢固化下来，成了常用词。第六版《现代汉语词典》中就收录了"给力""雷人""达人""宅男"等三千多条网络新词，不仅为汉字汉语注入了新鲜血液，也丰富了汉字汉语的内涵。为什么这些新词会被人们接受，成为常用词呢？大家知道，语言的发展都是约定俗成的，说得简单点，用久了，习惯了，就成词语了。古代的成语也大都是由当时社会上的掌故发展而来的，经过多年使用，流传至今。比如"洛阳纸贵"，是出自当时洛阳发生的一件事：文学家左思写了一篇《三都赋》，因为写得太好了，引发洛阳权贵之家争相传抄，一时使得纸价上涨。新的网络词语也很有意思，它们都有成词的理据，凝练生动，很受大家的青睐。如"给力"一词，认识"给"和"力"的人都能理解"给力"的意思。按照语法规范，"给"后面只能接表示具体实物的名词，但"力"是一个抽象概念的名词，用在"给"的后面，化抽象为具体，作用凸显，产生一种意想不到的效果。这个词意义很确定，很生动，容易被大家接受，所以传播开来，并不局限于网络使用，最后成为全民使用的词语，被收入词典。

因认知的局限，古人造字时大都从自身的视角去编造文字，因此许多古汉字有"见形知义"的特点,看图形就知其义了。在汉字发展的过程中,古代的象形字大都变得不象形了,如今天楷书的"日""月"在字形上已看不出与古代以图形表示的"太阳""月亮"的联系了,因此可以说已变成了记号。但这些"记号字"在形声字中常作形旁或声旁,还起着表意或表音的作用,可见还不是单纯的记号,而是具有双重的性质:对古代的象形字说,到今天已演变成了记号;从形声字的偏旁看,这些符号一直到今天仍保持着意符或音符的性质。可见,从古汉字到现代汉字的这一漫长过程中,无论怎么演变发展,汉字始终是"字""人"合一的交际工具。正因如此,才有"见其字知其面""听其音知其人""做其事知其义"之说。这三句话把字的"形、音、义"与人的"形、音、义"完美地联系在一起,是"字""人"合一的真实写照。

2.感悟智慧汉字,启迪智慧人生

汉字是人类智慧的结晶,也是人类文明的象征。汉字的字形看似简单,实则蕴藏着无穷的奥秘。结合它的字源,分析它的结构,就会发现其意非凡:简单之处有着复杂的意蕴,幽默之处有着耐人寻味的哲理,明了之处有着释然的回味,感悟之处有着前行的勇气。有人说:读书靠自己,成长靠社会。这话有点道理,因为字能通其词,词能通其道。只有把文字读懂、读透,读出活力、读出灵气,才能使自己的人生道路上充满着智慧和活力,做一个最好的自己。

字的灵气在于感受,字的智慧在于领悟。只有真切地感受才有深刻地领悟,把领悟深化为智慧,这才是读书之根本所在。汉字是一字一世界,一字一乾坤,一字一反省,一字一云舒,从不同角度去体悟汉字,总是那样的美妙无穷。如"道"字,英国学者李约瑟说:"中国人如果没有'道',就像大树没有根一样。"鲁迅先生干脆说:"中国的根柢,全在道教。"(《致许寿裳》)。

"道"以"清净自然""无为无不为"为内核,要求人们遵"天道"行事,体会天地自然法则,顺其自然,把握自身,去私欲、除杂念,达到纯洁空灵的人生境界。"道"由一个"走"字底和一个首要的"首"字组成。这字很有灵气,首先告诉我们,"首"是头脑,是有思想的,如要走出一条人生之道来,首要的,是迈开脚去走。这使我领悟到:理想很重要,信念很重要,毅力很重要,坚持很重要,机会很重要,在这重要的背后不迈开脚去走,不去行动,一切都将归零。请记住:要生活,就必须行动,行动才能体现人生的价值。再如"恩"字,"因"社会和他人为你的成长,一直在付出"心"血,所以,要把恩放在心上。报恩,作为中国传统的伦理道德观念,一直以来以一种人格准则的形式渗透于人们的思想和道德观念中,影响着人们的生活,规范着人们的行为。"结草衔环"这个成语,表达了古人受恩深重、至死也要报答的思想。可以说,没有感恩之心,必有隐患之忧。"患"字,上面是一个"串",下面是一个"心",连起来就是一串的心,也就是心多的意思。"入则无法家拂士,出则无敌国外患者,国恒亡。"一个国内倘若没有坚持法度的世臣和辅助君主的贤士,在国外倘若没有敌对的国家和外患,常会使国家灭亡。这又使人想到:一个不能"一心"对待得失的人,这也想要、那也想要,这也怕失去、那也怕失去,怎么会不心生忧患呢? 一个不能"一心"对待一件事的人,这也想做、那也想做,三心二意,怎么可能做成事呢? 一个不能"一心"对待别人的人,对人总是多疑、猜忌,不做坦荡荡的君子,而做长戚戚的小人,怎么会是一个健康的人呢? 可见,心多或是多心都不是好事,是"患"之根源! 再来看一个"停"字,"人"和"亭"靠在一起便成了"停"。古人在驿道旁建造亭子,是为了让人们暂时停下疲惫的脚步在"停"中补充体力,积蓄精神,好让后面的路走得更轻松、更快捷。停是为了更好地走,这就是"停"字中的人生智慧。想想,做人总不能像机器那样转个不停,适当地停一停,休整休整,缓解缓解压力,才有精力去做后面的事。磨刀不误砍柴工,暂停不误前行时,在人生漫长的道路中,"停"字很重要,只有知道"停"的人,才会使自己走得更远。

读懂汉字,体悟汉字的智慧,对为人处世有很大启发:一方面,汉字不仅仅是单纯的交际工具,交际是手段,其目的就是要在交际中获取信息,感悟智慧;另一方面,因认知的差异以及汉字"形、音、义"交叉关系的复杂性,对汉字的理解、领会也会大相径庭。因此,要不断地加深对汉字的理解,反复多次地体悟,才能从汉字的智慧中吸取营养,提升自己为人处世的能力。

大凡对文字感悟透彻之人,都是智慧超常的灵动之人。愿智慧文字成就你智慧的一生!

后　记

因家庭贫困,我从小就知道认字读书的重要性,但因儿时顽皮,始终没有把书读好,学习成绩总是很一般。

那时,在学校里调皮也调皮够了,玩也玩够了,甚至同学间的"恶作剧"也上演了不少,把少儿时代的贪玩性发挥得淋漓尽致,唯一不足的就是因上课不认真而没有把学习的知识打扎实,这正应了"有得必有失"那句老话。

我的记忆告诉我,从小学到高中,我几乎一次也没有因学习而得到过表扬。那时,我自己也总有一种习以为常的感觉:老师不批评就是表扬。所以也就不会去埋怨老师,甚至会理解老师不表扬的真正原因。

1972年高中毕业进入社会,我一脸茫然,不知往何处才能走出自己的生存之路。此时,有好心人帮我联系做代课老师,因深感自己的知识浅薄而不敢去误人子弟,所以我后来做了一名泥水匠,且一干就是六年。

1977年恢复高考,我边做泥水工边复习功课,居然考上了衢州师范学校,毕业后分配到杜泽中学任教。1981年2月调到衢县文教局并一直在教育行政部门工作。

记得在扫除文盲期间,有位老师说过:你可以不会写文章,但你不可以不认字。其实,认字的重要性不仅在于直接的实际效用,更在于认字能养成精神上深思熟虑的习惯,带来思考的乐趣,获得内心高贵的感受,同时也建立起自己的精神后花园。可见,认识汉字、掌握汉字、运用汉字对一个人的生存和发展是多么重要!汉字是字字有形象、字字有个性、字字有趣味、字字有思想、字字有玄机、字字有灵魂,读懂了汉字等于读懂了自己,读懂了人生,读懂了民族文化,读懂了中华文明,使人生的道路有更多的选择。明朝陈继儒说得好:"神仙不读书亦是一俗汉,所谓顽仙不如才鬼耳。"在以色列,当孩子稍稍懂事时,几乎每一个母亲都会严肃地告诉他:书里藏着的是智慧,这要比钱或钻石贵重得多,而智慧是任何人都抢不走的。所以我认定,人生最大的乐事是认字读书,因为文字有着比一切智慧、一切哲学更高的启示。有人问我:"建议他人看哪些书好呢?""《新华字典》。"我觉得字典是文字化的微型宇宙,字典中没有废话,没有假话,是科学,是事实。但要真正把汉字读懂、融会贯通也不是一件易事,毕竟汉字有它自身难认、难记、难懂的一面。认字是阅读的基础,字认多了,书自然好读些。因此,一定要多看、多写、多记、多用,这些问题便会迎刃而解。

"世事洞明皆学问,人情练达即文章。"学习汉字要力求三性:韧性、记性、悟性。有韧性没记性,读了白读。有记性没悟性,字是死字。悟性至关重要,一举满盘皆活。然而,单凭悟性,没记性就没库存,是皮包公司。没韧性就建不成大仓,是短途小贩。只有三性俱备,才可堪称知识富翁。初学汉字关键在于记,要把生疏的变成熟悉的,把抽象的变成形象的,把模糊的变成清晰的,把易忘的变成幽默的,都离不开一个"记"字,把字记好了,用就自然顺心了。

《把字记好》不同于说文解字,也不从说文解字的角度去解释文字,它是一种新解、趣解。很大程度上就是在简化字的基础上沿着古人造字的思维,从生活角度、幽默角度、分类角度、易懂易记角度去辨析简化字的字形、字音、字义,从而记住简化字。许多记字的方法和观点对学习汉字提高兴趣有一定的帮助,其目的就是把字记得更牢、更好。

来到这个世界,带来的厚厚一叠生命,如今已被岁月磨成了薄薄的一张纸。再精致的花瓶都有碎掉的一天，再美好的容颜都有老去的时候，唯有你读过的书、认过的字，会逐渐堆积在你的身体里，变成你的财富！

愿《把字记好》对所有读者都有所启迪。

杜一礼

2019 年 2 月 18 日于衢州